성경의 다양한 기록과

평신도의 고민들

| 성경이 곧 내게 대하여 증언하는 것이니라 (요 5:39) |

성경의 다양한 기록과
평신도의 고민들

김대진 지음

A Layman's Reflections

좋은땅

프롤로그

성경을 읽다 보면 누구나 쉽게 이해되지 않는 부분들을 만나게 됩니다. 4대 복음서에서 같은 사건이 서로 다르게 기록되었거나, 구약과 신약에서 동일한 이야기가 달리 전해지는 것을 볼 때면 마음속에 의문이 생기곤 합니다.

그리고 공관복음[1]과 요한복음의 구성과 시간 차이, 마태복음과 누가복음의 서로 다른 예수님의 족보, 가룟 유다의 죽음을 둘러싼 서로 다른 묘사, 모세 장인의 여러 이름, 같은 사건 속에서 서로 다른 행위 주체와 수치들까지… 이러한 부분들은 성경을 읽는 이들에게 낯설고 어렵게 다가오기도 합니다.

역사 속에서 교회와 신학자들은 성경을 어떻게 이해해야 하는지를 두고 다양한 목소리를 내 왔습니다. 성경을 한 글자도 틀림없는 책으로 보는 시각, 구원과 신앙의 핵심에서는 오류가 없다고 강조하는 시각, 성경이 신앙과 삶에 충분한 권위를 지닌다고 보는 시각, 그리고 인간의 종교적 체험 기록으로 이해하는 시각까지. 성경의 영감에 대해서도 축자적 영감, 유기적 영감, 부분적 영감 등 여러 관점이 공존해 왔습니다.

---

1) 공관복음: 마태복음, 마가복음, 누가복음. '같은 관점(共觀, Synoptic)'에서 기록된 복음

그러나 이러한 신학적 논의는 평신도들에게 다소 어렵게 느껴지기 마련입니다. 더구나 목회자나 다른 신앙인에게 직접 묻자니 자칫 "성경을 믿지 못하는 것 아니냐"라는 오해를 살까 두려워 질문조차 망설이게 됩니다.

이 틈을 타서 성경을 잘 알려 주겠다고 접근하는 이단에 빠지는 경우도 있습니다. 실제로 많은 이단들이 성경 공부를 미끼로 사람들을 끌어들이기 때문에, 더욱 바른 이해가 절실합니다.

이런 상황 속에서 성경은 점점 더 멀고 어려운 책처럼 느껴지기도 합니다. 그러다 보니 차라리 이러한 의문들을 한번 정리해 보자는 마음이 생겼습니다.

물론 저는 전문 교육을 받은 신학자도, 목회자도 아닙니다. 따라서 제가 정리한 내용이 신학적으로나 성경적으로 온전히 타당한지에 대해서는 두렵고 떨리는 마음이 있습니다.

그래서 부족하거나 미흡한 점이 있을 수 있습니다. 그러나 이 글은 저의 작은 고민과 작은 시도의 기록이며, 같은 질문을 가진 분들에게 작은 위로와 동행이 되기를 바라는 마음으로 쓰였습니다.

"성경이 곧 내게 대하여 증언하는 것이니라"(요 5:39)는 말씀처럼, 성경은 무엇보다도 예수 그리스도를 증언하는 책이라는 흔들리지 않는 중심을 가지고 있습니다. 그러므로 성경은 단순히 논쟁이나 지식을 쌓기 위한 책이 아니라, 우리를 구원하시는 예수 그리스도를 드러내는 복음의 책입니다.

따라서 이 글은 성경의 난제를 피하지 않고 정직하게 다루되, 학문적 결론을 내리는 것을 목적으로 하지는 않습니다. 다만 평신도의 눈높이에서 질문을 품고, 하나님께 한 걸음 더 가까이 나아가고자 하는 데에 뜻을 두었습니다.

부족한 글이지만, 저의 작은 고민과 작은 시도가 같은 의문을 가진 분들에게 조금이나마 도움이 되기를 바랍니다. 무엇보다 이 글을 읽는 분들이 말씀의 중심이신 예수 그리스도를 새롭게 만나시기를 간절히 소망합니다.

목차

3부

인물, 지명 차이

4부

시기, 수치 차이

5부

내용 차이

6부

중복, 양면성

인용 안내

고지 사항

이 책은 저자의 개인적인 묵상과 고민, 그리고 공개된 자료와 연구를 바탕으로 정리한 글입니다. 따라서 특정 교단이나 교파의 공식 입장을 대변하거나 정통 신학의 최종적인 결론을 제시하려는 것이 아님을 밝힙니다.

또한, 이 책에서 다루는 해석과 주장은 완성된 답이 아니라, 앞으로 더 깊은 신학적 탐구와 건강한 신앙적 대화를 위한 작은 출발점에 불과합니다. 부족한 글이지만, 독자 여러분이 각자의 자리에서 성경을 붙들고 씨름하며, 더 풍성한 믿음의 길을 걸어가시는 데 작은 동행이 되기를 소망합니다.

1부

성경관과
성경의 영감

1.
신학자들의 성경관: 성경의 권위

성경은 역사책이나 과학책이 아니라 구원의 책입니다.

이런 성경의 권위에 대해 신학자들은 다양한 견해를 제시해 왔습니다. 그 견해는 크게 네 가지로 나누어 볼 수 있습니다.

① 무오설(Inerrancy)은 성경 원문에는 역사·과학·신앙을 포함한 모든 영역에서 일점 일획도 오류가 없다고 보는 입장입니다.

② 무흠설(Infallibility)은 성경이 구원·신앙·교리와 같은 본질적인 부분에서는 전혀 틀림이 없지만, 과학이나 역사와 같은 비본질적 영역에서는 정확하지 않을 수 있다는 것을 인정하는 견해입니다.

③ 권위/충족설(Authority & Sufficiency)은 성경이 신앙과 삶의 최종 권위이며, 구원에 이르기에 충분한 기준이라고 보는 입장입니다.

④ 자유주의적 성경관(Critical / Liberal View)은 성경을 인간 저자의 종교적 체험 기록으로 보며, 절대적 권위를 인정하지 않고 시대적·비평적 시각으로 읽어야 한다는 입장입니다.

이 견해들에 대해 하나씩 조금 더 알아보도록 하겠습니다.

무오설(Inerrancy)

근대 이전에는 성경 무오 개념이 오늘날처럼 정밀하게 정리된 것은 아니었습니다. 초대교회의 교부들은 기본적으로 성경은 오류가 없다고 믿었습니다.

그러나 아우구스티누스는 조금 더 조심스러운 입장을 취했습니다. 그는 "성경에 오류가 있는 것처럼 보인다면, 그것은 사본이 잘못되었거나 번역이 틀렸거나, 혹은 우리가 잘못 이해한 것"이라고 말했습니다. 즉, 성경 그 자체의 오류라기보다는 인간의 한계 때문에 오류처럼 보인다는 것입니다.

중세의 토마스 아퀴나스 역시 성경의 진리성을 강조했고, 종교개혁자 루터와 칼빈도 성경의 궁극적 권위를 높이 평가했습니다. 그러나 이들의 이해는 오늘날 복음주의자들이 주장하는 '전면적 무오'와는 조금 다른 뉘앙스를 가지고 있었습니다.

그런데 19세기 말과 20세기 초에 들어서면서 상황은 달라졌습니다. 자유주의 신학, 진화론, 역사비평학 등으로부터 성경에 대한 도전이 거세지자, 미국 복음주의 진영은 성경 무오설을 강하게 주장하기 시작했습니다.

그리고 1978년 「시카고 성경무오 선언」이 발표되면서, 무오설은 복음주의와 보수신학 진영에서 표준적인 관점으로 자리 잡게 되었습니다.

> 진실로 너희에게 이르노니 천지가 없어지기 전에는 율법의 일점 일획도 결코 없어지지 아니하고 다 이루리라 (마 5:18)
>
> 성경은 폐하지 못하나니 하나님의 말씀을 받은 사람들을 신이라 하셨거든 (요 10:35)
>
> 여호와의 율법은 완전하여 영혼을 소성시키며 여호와의 증거는 확실하여 우둔한 자를 지혜롭게 하며 (시 19:7)
>
> 주의 말씀의 강령은 진리이오니 주의 의로운 모든 규례들은 영원하리이다 (시 119:160)[1]

무오설의 주장은 성경을 매우 높게 평가하지만, 평신도에게는 성경의 작은 차이도 큰 부담으로 다가올 수 있습니다.

무흠설(Infallibility)

무흠설은 19세기 후반 영국에서 발전했습니다. 당시 과학과 역사 연구가 활발히 진행되면서 성경과 충돌하는 지점들이 드러나기 시작했습니다.

---

1) 무오설을 주장하는 학자들은 이 구절을 성경의 글자 하나까지도 오류가 없고 변함없음을 강조하는 구절로 이해

그러나 신앙인들은 성경의 권위를 포기하고 싶지는 않았습니다. 그렇다고 모든 부분을 무조건적으로 무오하다고 주장하기에는 학문과의 간극이 너무 컸습니다.

그래서 나온 입장이 바로 무흠설입니다.

이 견해는 성경이 구원과 신앙, 교리와 같은 본질적인 부분에서는 결코 오류가 없다고 말합니다. 그러나 과학이나 역사 같은 부차적인 부분에서는 정확하지 않을 수 있다는 것을 인정합니다.

이 점에서 무흠설은 미국 프린스턴 신학교가 강하게 주장했던 무오설과는 달랐습니다. 프린스턴은 성경의 전면적 무오를 지켜야 한다고 강조했지만, 영국적 전통은 "구원에 관한 성경의 메시지에는 흠이 없다"라는 쪽에 더 무게를 두었습니다.

> 또 어려서부터 성경을 알았나니 성경은 능히 너로 하여금 그리스도 예수 안에 있는 믿음으로 말미암아 구원에 이르는 지혜가 있게 하느니라 (딤후 3:15)
>
> 오직 이것을 기록함은 너희로 예수께서 하나님의 아들 그리스도이심을 믿게 하려 함이요 또 너희로 믿고 그 이름을 힘입어 생명을 얻게 하려 함이니라 (요 20:31)
>
> 너희가 거듭난 것은 썩어질 씨로 된 것이 아니요 썩지 아니할 씨로 된 것이

니 살아 있고 항상 있는 하나님의 말씀으로 되었느니라 (벧전 1:23)[1]

정리하면, 무오설은 "모든 영역에 오류가 없다"는 견해인 반면, 무흠설은 "구원·신앙의 본질에 오류가 없다"는 견해라고 할 수 있습니다. 다만 오늘날에는 두 용어가 학자나 전통에 따라 겹쳐 쓰이기도 합니다.

무흠설은 성경의 핵심 진리를 안전하게 붙잡게 해 주지만, 어떤 경우에는 "어디까지 믿어야 하나?"라는 혼란을 줄 수도 있습니다. 하지만 그럼에도 불구하고, 무흠설은 성경이 구원에 관한 진리를 참되게 증언한다는 확신을 주는 중요한 성경관입니다.

권위/충족설(Authority & Sufficiency)

이 관점은 종교개혁 시대로 거슬러 올라갑니다. 당시 루터는 교황과 교회의 전통이 성경 위에 서 있는 것 같은 현실을 비판하며, '오직 성경(Sola Scriptura)'을 주장했습니다. 그는 성경이야말로 신앙의 최종 권위라고 강조했습니다.

칼빈은 성경이 신앙과 삶의 모든 것을 인도할 만큼 충분한 지침이라고 보았습니다. 그러나 동시에 성령의 조명이 없이는 인간이 성경을 바르게 이

1) 구원과 신앙의 본질에 있어 성경이 반드시 참되며 흠이 없다는 근거로 자주 인용

해할 수 없다고 말했습니다.

이처럼 권위/충족설은 성경을 "무오냐 아니냐"라는 논쟁 자체보다, 성경이 신자의 삶 속에서 어떻게 실제적인 권위와 효력을 발휘하는가에 더 주목했습니다. 오늘날에도 개혁주의 전통과 보수적 장로교 신학은 성경의 권위와 충족성을 중요한 신앙 원리로 계속 고백하고 있습니다. 특히《웨스트민스터 신앙고백》(1647)은 성경의 권위와 충족성을 가장 체계적으로 정리한 문서로 평가됩니다.

> 모든 성경은 하나님의 감동으로 된 것으로 교훈과 책망과 바르게 함과 의로 교육하기에 유익하니 (딤후 3:16)
> 여호와의 율법은 완전하여 영혼을 소성시키며… (시 19:7)
> 주의 말씀은 내 발에 등이요 내 길에 빛이니이다 (시 119:105)
> 예수께서 대답하여 이르시되… 사람이 떡으로만 살 것이 아니요 하나님의 입으로부터 나오는 모든 말씀으로 살 것이라… (마 4:4)
> 그의 신기한 능력으로 생명과 경건에 속한 모든 것을 우리에게 주셨으니… (벧후 1:3)[1]

---

1) 성경이 구원과 경건, 곧 신앙과 삶의 본질적 문제에 있어서 충분한 지침임을 보여 줌

자유주의적 성경관(Critical/Liberal View)

자유주의적 성경관은 계몽주의 이후에 본격적으로 나타났습니다. 이성과 과학이 점차 종교 위에 서게 되면서, 성경을 더 이상 절대적인 하나님의 말씀으로만 보기는 어렵다고 생각한 것입니다. 그래서 성경을 인간의 종교적 체험 기록으로 이해하려는 시도가 일어났습니다.

자유주의 신학자들은 성경을 "하나님의 직접 계시"라기보다 "인간의 종교적 체험이 기록된 산물"로 이해하며, 이를 비평적으로 연구했습니다. 또한 성경 속 신화적·초자연적 요소들을 제거하거나 실존적 의미로 재해석함으로써, 성경을 현대인들이 이해할 수 있는 방식으로 설명하려 했습니다.

이러한 흐름 속에서 자유주의적 성경관은 성경의 절대적 권위를 인정하지 않았습니다. 어떤 학자는 성경의 도덕·종교적 가치를 인정하고, 어떤 학자는 거의 문학·역사 자료로만 보기도 합니다[1]. 대신, 역사비평학적 연구 방법을 통해 성경을 인간의 사상과 경험의 산물로 보는 길을 열었습니다. 이 전통은 오늘날에도 학문적 신학 연구의 한 축으로 이어지고 있습니다.

> 우리는 부분적으로 알고 부분적으로 예언하니 (고전 13:9)[2]

---

1) 자유주의 성경관은 온건 자유주의부터 급진적 자유주의까지 다양한 스펙트럼을 가지고 있음

2) 인간 인식의 제한성을 드러내는 근거로 활용

…율법 조문은 죽이는 것이요 영은 살리는 것이니라 (고후 3:6)

우리가 그를 힘입어 살며 기동하며 존재하느니라… (행 17:28)[1]

---

1) 바울이 헬라 철학자·시인의 말을 인용한 것으로, 성경 기자가 당시 인간 사상과 표현을 자유롭게 인용하여 기록한 예시로 사용

2.
신학자들이 보는 성경의 영감

성경이 어떻게 하나님의 말씀으로 기록되었는가에 대해서도 신학자들 사이에는 다양한 의견이 있어 왔습니다. 어떤 이는 하나님이 직접 받아쓰기를 시키셨다고 보았고, 또 어떤 이는 하나님께서 생각만 주셨고 표현은 인간에게 맡기셨다고 보았습니다. 더 나아가 성경이 전혀 영감을 받은 것이 아니라고 주장하는 사람들도 있었습니다.

이러한 관점들은 ① 기계적, ② 축자적, ③ 유기적, ④ 동적, ⑤ 부분적, ⑥ 사상적, ⑦ 비영감적까지 일곱 가지 정도로 나누어 볼 수 있습니다.

기계적 영감

가장 단순하고 극단적인 이해가 바로 기계적 영감(Mechanical Inspiration)입니다. 이 관점은 성경 기자를 마치 받아쓰기 하는 펜이나 기계처럼 여겼습니다. 하나님께서 말씀을 불러 주시면, 저자는 그저 그대로 받아 적었다고 보는 것입니다.

중세 이전에 성경을 문자 그대로 하나님의 말씀으로 지키려는 전통 속에서 이런 이해가 나타났습니다. 그러나 기자의 인격과 문체가 무시되기 때문에, 정통 신학에서는 거의 지지를 받지 못하는 입장입니다.

> 여호와께서 모세에게 이르시되 너는 이 말들을 기록하라… (출 34:27)
>
> …여호와께서… 이르시기를 내가 네게 일러 준 모든 말을 책에 기록하라 (렘 30:2)

축자적 영감

축자적 영감(Verbal Plenary Inspiration)은 하나님께서 성경의 단어 하나 하나까지 간섭하셨다고 주장합니다. 그렇다고 해서 기자의 문체나 개성이 사라진 것은 아닙니다. 하나님께서 단어 선택을 주관하시면서도, 저자의 글쓰기 습관과 언어는 그대로 드러나도록 하셨다는 것입니다.

이 관점은 17세기 정통주의 신학에서 발전했고, 특히 19세기 이후 자유주의 신학과 과학적 도전에 맞서 복음주의 진영에서 강하게 주장되었습니다.

미국 프린스턴 신학교의 B. B. 워필드가 이 입장을 잘 정리하여 오늘날 복음주의 신학의 표준으로 자리 잡게 하였습니다.

> 우리가 이것을 말하거니와 사람의 지혜가 가르친 말로 아니하고 오직 성령께서 가르치신 것으로 하니… (고전 2:13)
>
> …다윗이 성령에 감동되어…, 주께서 내 주께 이르시되 내가 네 원수를 네

발 아래에 둘 때까지… (마 22:43~44)

여호와께서 내 주에게 말씀하시기를… (시 110:1)[1)]

…누구든지 이것들 외에 더하면… 누구든지 이 두루마리의 예언의 말씀에서 제하여 버리면… (계 22:18~19)[2)]

하지만 축자적 영감을 강조하다 보면, 성경에서 보이는 작은 차이도 믿음을 흔드는 큰 시험으로 작용할 수 있습니다.

유기적 영감

유기적 영감(Organic Inspiration)은 성경의 신적 요소와 인간적 요소가 함께 어우러졌다고 설명합니다. 성령께서 성경 기록 전체를 주관하기는 하지만, 기자의 인격, 경험, 문화적 배경이 무시되지 않고 그대로 사용되었다는 것입니다.

이런 생각은 종교개혁자들, 특히 칼빈에게서 잘 드러납니다. 칼빈은 하나님께서 성경 기자들의 개성과 상황을 통해 말씀하신다고 강조하였습니다. 현대 신학자들은 이러한 칼빈의 관점을 "성경은 100% 하나님의 말씀인 동시에 100% 인간의 글"이라는, 신비로운 이중적 성격으로 정리하기

---

1) 다윗의 시편 기록이 단순한 인간적 창작이 아니라 성령의 영감 아래에서 나온 말씀임을 보여 줌

2) 성경의 단어 하나하나가 성령의 주관 아래 있다는 것을 의미

도 했습니다.

오늘날 여러 교회들이 유기적 영감의 관점에 따라 성경을 이해하고 있습니다.

> 그 모든 일을 근원부터 자세히 미루어 살핀 나도 데오빌로 각하에게 차례대로 써 보내는 것이 좋은 줄 알았노니(눅 1:3)[1)]
> …나의 이름으로 세례를 받았다 말하지 못하게 하려 함이라, …그 외에는 다른 누구에게 세례를 베풀었는지 알지 못하노라 (고전 1:15~16)[2)]
> 예언은 언제든지 사람의 뜻으로 낸 것이 아니요 오직 성령의 감동하심을 받은 사람들이 하나님께 받아 말한 것임이라 (벧후 1:21)[3)]

이 관점은 성경을 신비롭고 살아 있는 말씀으로 이해하는 데 큰 도움을 줍니다. 그러나 신학적 언어가 낯선 평신도들에게는 여전히 어렵게 다가올 수 있습니다.

동적 영감

동적 영감(Dynamic Inspiration)은 하나님께서 성경 전반에 걸쳐 기자들

---

1) 저자의 조사와 문체가 반영
2) 인간적 한계와 개성이 드러나지만 성령이 주관했다는 근거
3) 인간의 인격과 상황을 존중하면서도 성령이 전체를 주관한다는 근거

에게 '사상(idea)'을 주셨고, 그 사상을 글로 표현하는 과정은 기자들이 자유롭게 했다고 보는 것으로, '사상은 하나님의 것, 표현은 인간의 것'이라는 입장입니다. 다시 말해, 영감의 초점이 단어 하나하나에 있는 것이 아니라, 전체적인 메시지나 사상에 있다는 것입니다.

이러한 이해는 계몽주의 이후 인간의 자유와 창조성을 존중하는 흐름 속에서 발전했습니다. 그래서 성경을 하나님의 말씀으로 인정하면서도, 구체적인 표현은 저자들의 책임이라는 설명을 하게 되었습니다.

> 예수께서 행하신 일이 이 외에도 많으니… (요 21:25)[1)]
>
> 그러나 누구인가가 어디에서 증언하여 이르되… (히 2:6)[2)]

동적 영감설은 성경을 하나님의 말씀으로 인정하면서도 표현은 인간에게 맡겼다고 보지만, 사상과 표현의 경계가 모호해 성경의 권위를 약화시키고, 자유주의 신학과의 경계가 흐려질 위험이 있습니다.

부분적 영감

부분적 영감(Partial Inspiration)은 성경 전체가 동일하게 영감을 받은 것

1) 모든 사건을 기록한 것은 아니며, 저자가 선택적으로 기록했다는 표현
2) 하나님이 주신 사상을 저자가 자유롭게 표현하고 인용

이 아니라고 주장합니다. 즉, 성경 전체가 아닌 일부만 영감을 받았다는 것입니다. 다시 말해 구원, 신앙, 도덕과 관련된 부분은 하나님의 영감으로 틀림없이 기록되었지만, 역사적 사실이나 과학적 설명 같은 부분은 저자의 한계가 드러날 수 있다는 견해입니다.

19세기 진화론과 역사비평학이 성경과 충돌하면서, 성경의 권위를 완전히 포기하지 않으면서도 과학과의 갈등을 줄이려는 시도 속에서 이런 관점이 나타났습니다.

> 그 나머지 사람들에게 내가 말하노니 (이는 주의 명령이 아니라)… (고전 7:12)[1]
> 겨자씨 한 알과 같으니 땅에 심길 때에는 땅 위의 모든 씨보다 작은 것이로되 (막 4:31)[2]

다만 부분적 영감을 강조하다 보면 성경 중 무엇을 믿고 무엇을 안 믿어야 하는지 혼란을 가져올 수 있다는 한계와 위험이 있습니다.

---

1) 주께서 직접 말씀하신 것이 아님

2) 신앙 · 도덕에는 오류가 없을 수 있으나, 과학 · 역사에는 오류 가능성이 있다는 근거로 사용

사상적 영감

사상적 영감(Conceptual Inspiration)은 자유주의 신학의 대표적인 영감론입니다. 이 이론은 동적 영감과 유사하게, 세부적인 내용이나 사건의 기록을 인간의 생각과 표현으로 봅니다. 그러나 동적 영감이 하나님의 메시지와 사상이 성경 전반에 걸쳐 있다고 보는 반면, 사상적 영감은 그 범위를 핵심적인 메시지로 한정합니다.

예를 들어 "하나님은 사랑이시다"라는 진리는 영감으로 기록된 것이라 하더라도, 그 진리를 설명하는 구체적인 사건이나 이야기들은 인간적인 요소가 강하다고 보는 것입니다.

> 내가 예언하는 능력이 있어 모든 비밀과 모든 지식을 알고… 있을지라도… (고전 13:2)[1]
>
> 우리가 그를 힘입어 살며 기동하며 존재하느니라… (행 17:28)[2]

사상적 영감은 "핵심 사상은 하나님의 것, 세부 표현은 인간의 것"이라고 하지만, 실제로 어디까지가 '핵심'이고 어디부터가 '세부'인지 경계를 나누는 것이 어렵습니다.

---

1) 사상적 영감설을 주장하는 이들은 이 구절이 성경 저자가 스스로 지식의 한계를 인정한 예시로 활용

2) 바울이 아테네 설교에서 그리스 철학자·시인의 말을 인용한 사례로 성경의 핵심 사상은 하나님의 것이지만, 세부 표현은 인간의 것이라고 보는 사례로 이용

그러다 보니 성경의 구체적인 역사적 사건이나 윤리적 가르침, 교리적 세부 사항이 단순히 인간적 기록으로 축소될 수 있습니다. 그 결과 성경 전체의 권위가 약화되고, 신앙의 기초마저 흔들릴 위험이 있습니다.

비영감

비영감(Non-Inspiration)은 엄밀히 말해 신학적 입장이라기보다는 종교학이나 세속 학문에서 나타나는 관점이라고 할 수 있습니다. 이 시각은 성경의 영감을 전혀 인정하지 않습니다.

성경을 하나님의 특별한 계시로 보기보다, 고대 이스라엘과 초대 교회 공동체의 종교적 체험을 기록한 문헌들의 모음으로 이해합니다. 다시 말해, 성경은 신적 권위를 지닌 말씀이 아니라, 고대 종교 문화의 산물에 불과하다고 보는 것입니다.

이런 생각은 계몽주의 이후 이성과 과학이 신앙 위에 서면서 나타났고, 18~19세기 급진적 자유주의 신학자들과 세속 학문에서 강하게 자리 잡았습니다. 오늘날에도 종교학이나 역사학에서는 성경을 단지 문화적 자료로만 보는 경우가 여기에 해당합니다.

전도자가 이르되 헛되고 헛되며 헛되고 헛되니 모든 것이 헛되도다 (전

1:2)[1)]

네 어린 것들을 바위에 메어치는 자는 복이 있으리로다 (시 137:9)[2)]

---

1) 성경을 단순 인간 철학의 기록으로 보는 근거로 사용

2) 시편 137편은 바벨론 포로기에 탄식하는 시(詩). 해당 구절은 '바벨론을 저주하는 내용'으로, 성경이 인간 감정의 산물이라는 주장에 활용

3.
성경관과 영감

앞에서 언급된 4가지 성경관과 7가지 영감론은 다양한 조합으로 결합하여 이해할 수 있습니다.

한쪽 끝에는 성경을 단어 하나하나까지 기계적으로 영감된 것으로 보고, 성경이 모든 영역에서 전혀 오류가 없다고 주장하는 극단적 입장이 있습니다.

다른 한쪽 끝에는 성경을 특별한 영감의 산물이 아니라 단순히 인간의 종교적 기록으로 간주하며, 절대적 권위를 인정하지 않는 급진적 입장이 있습니다.

[표. 성경관과 영감론[1]]

권위 / 영감	무오설	무흠설	권위/충족설	자유주의
기계적	● 극단적			
축자적		● 예시		
유기적			● 예시	
동적				
부분적				
사상적				
비영감적				급진적 ●

1) 이 분포도는 개념적 스펙트럼으로, 각 칸은 하나의 기준점일 뿐이고, 실제는 예시처럼 겹치거나 중간 지점에 위치할 수 있습니다.

서구 교회와 신학자들의 성경관

대부분의 전통적 교회와 신학자들은 이 두 극단 사이의 넓은 스펙트럼 안에 자리합니다. 어떤 이들은 성경의 전적 무오를 강조하면서도 기자의 인격과 문체를 존중하는 유기적 영감을 말하고, 또 다른 이들은 구원과 신앙에 관한 무흠성을 강조하거나 성경의 권위와 충족성을 중심으로 이해하기도 합니다.

이처럼 다양한 입장은 모두 위의 매트릭스 안에서 서로 다른 좌표를 형성하며, 각 신학 전통과 교회의 자기 이해에 따라 강조점이 달라집니다.

시카고 성경 무오성 선언

1978년 발표된 시카고 성경 무오성 선언은 이 매트릭스 안에서 '무오설+축자적 영감'에 가까운 입장을 보여 줍니다. 다만 '기계적 받아쓰기'를 배제하고, 성령께서 기자의 인격과 문체를 사용하셨음을 인정한다는 점에서 유기적 요소도 일부 포함하고 있다고 할 수 있습니다.

한국교회의 성경관

오늘날 한국교회는 대체로 "성경은 하나님의 말씀이며 신앙과 삶의 최종 권위"라고 고백합니다.

일부 교단과 신학 전통은 성경의 전적 무오를 강조하며, 모든 부분에서 오류가 없음을 고백합니다. 동시에 많은 교단들은 구원과 신앙의 본질에는 오류가 없다는 무흠설과, 성경이 신앙과 경건의 삶에 충분한 지침이 될 수 있다는 권위/충족설의 관점에서 성경을 이해합니다.

영감론에 있어서는 축자적 영감설과 유기적 영감설이 널리 자리 잡고 있고, 성령께서 기자의 인격과 문체를 존중하시되, 동시에 단어 선택과 기록 전체를 주관하셨다는 점에서 두 입장이 조화를 이루며 공통적으로 고백되고 있습니다.

물론 교단이나 신학 전통에 따라 강조점에는 차이가 있습니다. 다만, 큰 틀에서 모두 이 스펙트럼 안에 포함된다고 할 수 있습니다.

가톨릭, 동방 정교회의 성경관

가톨릭은 성경을 '성경-성전-교도권'의 삼각 구도로 이해하고 있으며, 동방 정교회는 성경을 교회의 '성전'(Tradition) 속에 포함된 것으로 보고 있어, 이 매트릭스의 틀 속에 직접적으로 배치되기는 어렵습니다.

4.
신학적 논쟁이 남긴 그림자

성경은 분명히 기독교 신앙의 근본입니다. 그러나 역사 속에서 신학자들이 성경을 어떻게 이해할지에 대해 격렬하게 논쟁하면서, 평신도들은 오히려 혼란을 겪는 경우가 많았습니다.

무오설, 무흠설, 권위/충족설, 자유주의, 그리고 다양한 영감론들은 학문적으로는 의미 있는 구분이지만, 일반 성도들에게는 서로 다른 주장으로 인한 고민과 갈등을 야기하였고, 교단 간에는 다툼과 심지어는 교회 분열의 원인이 되기도 하였습니다.

그러다 보니 성경은 본래 하나님이 그의 백성들에게 "생명의 말씀"(행 5:20)으로 주어졌으나, 많은 이들은 성경을 "읽기 어려운 책", "의문만 가득한 책"으로 인식하기도 합니다.

교단의 분열과 갈등

성경의 권위와 해석에 대한 다른 입장은 실제로 교단의 분열로 이어지기도 하였습니다. 미국 교회사의 '근본주의-자유주의 논쟁'을 대표적인 예로 들 수 있습니다.

20세기 초, 성경의 무오성을 절대적으로 지키려는 근본주의 진영과 성경을 인간의 역사와 문화 속에서 이해하려는 자유주의 진영이 격렬하게 대립하였습니다. 그 결과, 북장로교회(PCUSA)와 북침례교회(Northern Baptist Convention)는 심각한 신학적 갈등을 겪었고, 결국 교단의 분열, 새로운 신학교의 설립, 그리고 교회의 재편으로 이어지게 되었습니다.

> …너희 중에 분쟁이 있다 함을 듣고 어느 정도 믿거니와 (고전 11:18)

성경 회피 현상

사도 베드로조차 바울 서신의 난해함을 인정하기도 하였습니다.

> 또 그 모든 편지에도 이런 일에 관하여 말하였으되 그 중에 알기 어려운 것이 더러 있으니… (벧후 3:16)

오늘날 성도들도 마찬가지입니다. 학문적 논쟁이 많아질수록 평신도들은 성경을 더 난해한 책으로 여기고, 성경 읽기를 포기하거나 단편적인 구절만 붙드는 경향을 보일 수 있습니다.

분쟁과 판단의 영

초대교회에서도 이미 신학적 관점 차이가 다툼을 불러왔습니다. 오늘날에도 특정 성경관이나 신학자를 따르는 사람들이 서로를 정죄하는 일이 빈번하게 일어나고 있습니다. 그 결과 평신도들은 참된 말씀의 중심 대신 "누구 편이냐"라는 진영 논리에 빠지기 쉽습니다.

> …나는 바울에게, 나는 아볼로에게, 나는 게바에게, 나는 그리스도에게 속한 자라 한다는 것이니 (고전 1:12)

복잡한 교리 논쟁

교리 논쟁이 길어질수록 평신도들은 성경 자체보다 논쟁에 피로감을 느끼게 됩니다. 결국 성경은 경건의 훈련보다 지적 다툼의 수단으로 전락할 수 있습니다.

> …말다툼을 하지 말라고 하나님 앞에서 엄히 명하라 이는 유익이 하나도 없고 도리어 듣는 자들을 망하게 함이라 (딤후 2:14)

문자주의와 회의주의 사이의 괴리

문자 하나까지 절대화하려는 경직된 태도와, 반대로 성경을 단순히 인간 문헌으로만 보려는 태도 사이에서 평신도들은 길을 잃게 됩니다.

성경의 본래 목적은 예수 그리스도를 증언하는 것임에도 불구하고, 양극단의 신학적 태도가 성경을 '부담스러운 책'으로 만들 수 있습니다.

> 너희가 성경에서 영생을 얻는 줄 생각하고 성경을 연구하거니와 이 성경이 곧 내게 대하여 증언하는 것이니라 (요 5:39)

현실과 동떨어진 해석

많은 신학 논쟁은 실제 성도들의 삶과 신앙적 실천으로 이어지지 않게 합니다. 성경은 삶을 변화시키는 말씀이어야 하지만, 학문적 다툼으로만 남을 때 평신도들에게는 추상적이고 무의미하게 느껴지게 됩니다.

> 너희는 말씀을 행하는 자가 되고 듣기만 하여 자신을 속이는 자가 되지 말라 (약 1:22)

결국 성경에 대한 신학적인 논란이 교회를 분열시키는 것뿐만 아니라, 성경을 읽기 싫은 책으로 만들어 가고 있는 것이 아닌가 하는 생각을 해 보게 됩니다.

5.
평신도의 의문과 신앙적 방황

성경에 대한 신학적 논란으로 인해 평신도들의 성경에 대한 의문이 더 쌓이게 되고, 신앙적 방황으로 이어지기도 합니다.

성경의 신뢰성에 대한 의문

에덴동산에서 뱀의 유혹은 하나님의 말씀에 대한 의심을 불러옵니다. 오늘날도 마찬가지입니다. "성경은 오류가 있을까?", "성경은 정말 믿을 수 있는가?"라는 의문은 평신도들에게 신앙적 불안을 가져오기도 합니다.

> 뱀이 여자에게 이르되 너희가 결코 죽지 아니하리라 (창 3:4)

말씀보다 사람을 의지하는 문제

평신도들이 성경 자체보다 특정 신학자나 교단을 더 의지할 때, 말씀은 오히려 뒷전으로 밀려날 수 있습니다. 결국 성경은 스스로 읽고 묵상하는 책이 아니라, '전문가만 풀 수 있는 책'이 되어 버립니다.

너희는 인생[1]을 의지 말라 그의 호흡은 코에 있나니 셈할 가치가 어디 있느냐 (사 2:22)

삶과 동떨어진 말씀 이해

성경은 원래 자유와 해방을 주는 말씀입니다.

…너희가 내 말에 거하면 참 내 제자가 되고, 진리를 알지니 진리가 너희를 자유롭게 하리라 (요 8:31~32)

그러나 많은 성도들은 성경을 읽으며 자유보다는 혼란과 의문만 얻게 되는 경우도 있습니다.

---

1) 히브리어 원문은 '사람을 의지하지 말라'는 의미로 번역할 수 있습니다.

6.

평신도를 위한 성경 읽기의 회복

성경의 중심: 예수 그리스도

성경의 목적은 신학적 논쟁이 아니라 예수 그리스도를 드러내는 것입니다. 따라서 평신도들은 성경을 복잡한 논쟁보다 복음을 중심으로 읽어야 할 것입니다.

> 너희가 성경에서 영생을 얻는 줄 생각하고 성경을 연구하거니와 이 성경이 곧 내게 대하여 증언하는 것이니라 (요 5:39)

그리고, 평신도들이 성경을 읽을 때 가장 필요한 것은 성령의 도우심입니다. 성경은 학문적 지식으로만 풀 수 없는 영적인 기록이기 때문입니다. 그러므로 성경은 기도하며 읽어야 합니다.

> 보혜사 곧 아버지께서 내 이름으로 보내실 성령 그가 너희에게 모든 것을 가르치고 내가 너희에게 말한 모든 것을 생각나게 하리라 (요 14:26)

공동체적 해석

베리아 성도들은 공동체 안에서 성경을 함께 상고했습니다. 개인적 묵상도 중요하지만, 교회 공동체와 함께 읽고 나누는 것이 혼란을 줄이고 올바른 이해를 도울 수 있기 때문입니다.

> 베뢰아에 있는 사람들은… 간절한 마음으로 말씀을 받고… 날마다 성경을 상고하므로 (행 17:11)

행함과 실천

성경은 행하는 말씀일 때 진정한 힘을 발휘하게 됩니다. 평신도들이 성경을 삶으로 살아 낼 때, 더 이상 성경은 '어려운 책'이 아니라 '살아 있는 책'이 될 수 있습니다.

> 그러므로 누구든지 나의 이 말을 듣고 행하는 자는 그 집을 반석 위에 지은 지혜로운 사람 같으리니 (마 7:24)

성경을 다시 '기쁜 소식'으로

신학자들의 성경 논쟁은 학문적으로는 의미가 있지만, 평신도들에게 혼란과 갈등을 불러오기도 했습니다. 그러나 성경은 본래 하나님의 사랑과 구원의 소식을 담은 '기쁜 소식(복음)'입니다. "주의 말씀은 내 발에 등이요 내 길에 빛이니이다"(시 119:105)라는 고백처럼, 성경은 여전히 길을 비추는 빛입니다.

따라서 평신도들은 논쟁에 휘말리기보다 성경의 중심이신 그리스도를 바라보고, 성령의 인도하심 속에 공동체와 함께 말씀을 읽어야 합니다.

그럴 때 성경은 더 이상 '읽기 싫은 책'이 아니라, "살아 있는 하나님의 말씀"(히 4:12)으로 다가오게 될 것입니다.

성경을 읽는 바른 자세: 다섯 가지 원칙

① 목적 중심으로 읽기

성경의 목적은 역사 교과서도, 과학 백과사전도 아닙니다. 구원의 길을 보여 주고, 하나님과의 관계를 회복하게 하는 것이 본래의 목적입니다.

② 맥락을 존중하기

성경은 다양한 시대와 문화 속에서 여러 저자들에 의해 기록되었습니다. 따라서 특정 문장을 절대화하기보다, 전체 맥락 속에서 이해해야 합니다.

③ 다양성을 인정하기

성경 안의 차이는 오류가 아니라 다양한 증언입니다. 서로 다른 복음서가 같은 예수를 증언하듯, 다양한 관점은 진리를 더 풍성하게 만듭니다.

④ 삶으로 연결하기

말씀을 읽는 목적은 지식 축적이 아니라 삶의 변화입니다. "말씀을 듣고 행하는 자"(약 1:22)가 될 때 성경은 살아 있는 말씀이 됩니다.

⑤ 겸손히 질문하기

모르는 부분, 이해되지 않는 부분이 있을 수 있습니다. 질문을 두려워하지 않고, 공동체 안에서 나누며, 열린 마음으로 하나님께 묻는 것이 중요합니다.

성경은 무오냐 무흠이냐, 축자냐 동적이냐 하는 논쟁을 넘어, 오늘도 우리를 예수 그리스도께 인도하는 살아 있는 말씀입니다. 평신도에게 필요한 것은 논쟁에 휘말리는 것이 아니라, 성령 안에서 기쁨으로 성경을 읽고 삶으로 살아 내는 것입니다.

2부

성경의
서로 다른 기록

1.

성경의 서로 다른 기록을 보는 태도

하나님께서 인간에게 자유의지를 주셨기 때문에, 성경의 서로 다른 기록들을 해석하는 태도 또한 무오설, 무흠설, 권위/충족설, 자유주의 등 다양한 관점으로 나타납니다.

그러나 성경 전체를 관통하는 '하나님께서 인간을 창조하시고 사랑하시며 구원하기를 원하신다'라는 신앙의 고백을 붙든다면, 무엇이 옳고 그르냐를 둘러싼 논쟁 자체가 본질적인 문제는 아닐 수 있습니다.

실제로 성경에는 동일한 사건을 서로 다르게 기록한 본문들이 존재하며, 학자들의 선정 기준에 따라 그 수가 30건에서 400건 이상으로 제시되기도 합니다.

그러나 이는 성경의 권위를 부정하기 위한 것이 아니라, 오히려 이러한 차이에도 불구하고 하나님의 임재와 역사하심이 여전히 성경을 통해 드러나고 있음을 확인하기 위한 것입니다.

성경은 하나님의 임재와 구원의 약속, 역사적 사건, 개인의 성찰과 고민, 성도 간의 교제 등 다양한 요소로 이루어져 있으며, 오랜 전승 과정에서 원본과 다수의 사본, 그리고 여러 언어로의 번역을 거쳐 왔습니다. 따라서 그 과정에서 기록상의 차이가 발생하는 것은 오히려 자연스러운 현상으로 이해할 수 있습니다.

2.
서로 다른 기록이 생기는 이유

성경에서 서로 다른 기록이 생기는 데는 기록 관점의 차이, 문헌학적 원인, 문학적 재구성, 당시의 기록 관습 등 여러 가지 원인이 있습니다.

기록 관점의 차이

기독교 전통에서 말하는 '무오'는 본래 하나님의 의도와 계시의 진리에는 오류가 없다는 뜻입니다. 이것은 필사·번역·편집 과정의 문자 하나하나까지 기계적으로 절대적이라는 의미라기보다, 하나님께서 주시려는 구원과 진리의 메시지에는 오류가 없다는 고백으로 이해할 수 있습니다.

따라서 '메시지(계시)'와 '매체(문자 기록)'를 구분할 필요가 있습니다. 문자라는 매체에는 인간적 한계가 따르지만, 하나님께서 주신 계시의 본질은 그러한 한계를 넘어 참되며 신실합니다.

실제로 초대교회 역시 원문 텍스트의 세부 차이보다 전달되는 복음의 핵심에 집중했습니다. 사도들과 교부들은 성경의 자구적 일치나 필사본의 세밀한 차이에 집착하기보다, 예수 그리스도의 십자가와 부활, 곧 복음의 본질을 전하는 데 관심을 두었습니다.

문헌학적 원인

① 필사 과정

성경은 수백에서 수천 년간 수많은 필경사(서기관)들이 손으로 복사했습니다. 이 과정에서 숫자 오기, 문장 순서 변동, 동음이의어 혼동, 보완 삽입 등이 발생했습니다.

② 구전 전승

기록 이전에 오랜 구전(oral tradition)을 거쳤기 때문에, 사건 순서·세부 묘사에서 지역 공동체마다 차이가 있었습니다.

③ 사본 차이

사도들이 활동할 당시에는 마소라 본문[1](Masoretic Text, MT)의 뿌리가 된 고대 히브리어 본문(Proto-MT 계열)이 존재했습니다. 그리고 사마리아 공동체에는 히브리어 사마리아 오경[2]이 별도로 보존되어 있었고, 바벨론 포로기 이후 유대인의 일상 언어가 된 아람어로 타르굼[3](targum)도 전승되고 있었습니다. 또한 디아스포라[4] 유대인들은 헬라어(그리스어)

---

1) 기원후 6~10세기 마소라 학자들이 전승을 표준화하여 확립한 히브리어 성경 본문으로, 오늘날 유대교 성경(Tanakh)의 기초이자, 개신교 구약성경의 기본 텍스트
2) 기원전 4세기경부터 사마리아 공동체가 보존한 모세오경으로, 예루살렘이 아닌 그리심산 중심의 신학을 반영
3) 바벨론 포로기(기원전 6세기) 이후 시작된 아람어 성경 번역·해석의 전승, 구두로 전해지다가 기원후 2세기 이후 문헌으로 정리됨
4) Diaspora: 자신의 고향이나 조국을 떠나 다른 지역이나 나라에 흩어져 사는 사람들의 집단

로 번역된 칠십인역[1](Septuagint, LXX)을 사용하였습니다. 이렇게 히브리어·아람어·헬라어 등 다양한 언어의 사본이 공존했다는 사실은 사해사본[2]을 통해서 확인할 수 있습니다.

④ 번역 차이

신약 시대의 여러 사본[3]들은 이후 라틴어 불가타[4], 독일어 루터 성경[5], 영어 킹제임스 성경[6], 한국어 개역개정 등 다양한 언어로 번역되었으며, 각 번역 시점마다 언어적 어휘 선택과 문화적 이해 등의 차이가 나타났습니다.

하지만 이런 차이는 '사람이 기록했다는 한계'일 뿐, 성경의 구원 메시지의 본질을 흐리지는 않습니다.

문학적 재구성

복음서 저자들은 각자의 신학적 관점과 대상 청중에 맞게 자료를 선택하

1) 기원전 3세기경 알렉산드리아에서 번역된 헬라어 구약성경으로, 전승에 따르면 70명(혹은 72명)의 유대인 학자들이 번역했다 하여 '칠십인역'이라 불림. 디아스포라 유대인과 초기 교회에서 널리 사용
2) 1947년 쿰란 지역에서 발견된 고대 유대 공동체의 문서로, 기원전 2세기~기원후 1세기에 작성된 현존하는 가장 오래된 구약 사본
3) 당시 사용된 구약성경 사본들과 새롭게 기록된 신약성경(대부분 코이네 헬라어로 작성)을 의미
4) 히에로니무스의 가톨릭 라틴어 성경, 406년경 완성된 이후, 천년 넘게 사용
5) 종교개혁의 상징으로 16세기 독일어로 번역
6) 영어 번역의 고전적 권위, 17세기 번역

고 배열했습니다. 예를 들어 마태복음은 유대인을 향해 예언 성취를 강조하였고, 누가복음은 이방인과 사회적 약자에 초점을 두었습니다.

역사 기록에서 사건 순서나 숫자보다 메시지와 의미가 더 중요하다고 여겨, 문학적 재구성이 이뤄졌습니다. 고대 역사 서술에서는 오늘날의 '기계적 연대기'보다 의미 중심의 배열이 흔했습니다.

고대 근동·헬레니즘 시대의 기록 관습

고대 문서에서 숫자는 상징적·과장적으로 사용되는 경우가 많았습니다. 예를 들어 '천 명'이 꼭 정확한 숫자 '1,000'을 뜻하지 않고 '아주 많다'라는 의미로 쓰이기도 했습니다. 지리와 방향 표기도 현대 GPS 기준과는 달랐고, 사건의 시기나 순서보다 전형적인 이야기 구조(서사법)를 따르는 경우도 많았습니다.

또한 고대인들은 역사 기록과 신학적 해석을 분리하지 않았기 때문에, 사건 자체와 그 의미를 하나의 문서 안에 같이 담기도 하였습니다.

그리고 가장 나중에 기록된 신약성경이라 하더라도 AD 50~100년경[1]에 기록되었다는 사실도 함께 기억할 필요가 있습니다. 이런 이유로 많은 주

1) 한반도는 삼국이 막 형성되어 가던 시기에 해당

석가들은 성경을 오늘날의 기준으로 판단하기보다, 당시의 문화적·역사적 배경 속에서 이해해야 한다고 강조하고 있습니다.

신앙적 결론과 태도

성경의 서로 다른 기록들은 하나님의 진리 자체를 손상시키는 것이 아니라, 오히려 성경이 인간의 언어와 역사 속에 들어오신 하나님의 계시라는 사실을 보여 줍니다.

성경을 문자 하나하나의 기계적 일치에만 매달리면, 서로 다른 기록의 의미를 오히려 놓칠 수 있습니다. 그러나 '구원에 관한 진리에는 오류가 없다'는 시각에서 보면, 차이는 장애가 아니라 말씀을 더 깊이 이해하는 창이 됩니다.

따라서 핵심은 "기록 과정의 인적 한계는 있었지만, 계시의 본질은 온전히 전해졌다"라는 것입니다.

다른 경전과 역사 기록의 사례

성경은 독특한 계시의 기록이지만, 기록 과정에서 드러나는 인적 한계를 이해하기 위해 조선왕조실록과 같은 다른 역사 기록 사례도 참고할 수 있습니다.

조선왕조실록은 세계적인 '기록문화의 정수'로 평가받지만, 숫자·행위 주체·세부 묘사 등에서 차이가 발견되고 있습니다. 이는 성경의 사례가 특수한 것이 아니라, 모든 역사 기록 전승에서 나타나는 보편적 현상임을 보여 주는 것입니다.

예컨대 그리스·로마 역사가인 헤로도토스, 투키디데스, 리비우스의 기록에서도 그러합니다. 중국 사서인 《사기》와 《한서》에서도 발견됩니다. 초기 이슬람 역사서나 《하디스》 역시 마찬가지입니다. 불교 경전에서도 초기 팔리어 삼장과 후대 한역 대장경 사이에 차이가 있습니다.

그런데 중요한 것은 '세부 차이'가 아니라 '핵심 메시지'입니다. 조선왕조실록이 왕조의 큰 흐름과 사건을 충실히 전하듯, 성경도 인간 언어와 역사 속에서 기록되었지만, 하나님이 주시는 구원의 약속과 사랑은 분명하게 담겨 있습니다.

성경의 작은 차이 속에서도 변함없는 하나님의 사랑과 구원 약속을 붙잡을 때, 우리는 오히려 성경이 '살아 있는 하나님의 말씀'임을 더 깊이 경험하게 됩니다.

3.
성경의 서로 다른 기록들의 유형

학계와 교회 현장에서 흔히 논의되는 서로 다른 기록들의 유형을 정리해 보면, 크게 네 가지 유형으로 나눌 수 있습니다.

① 인물, 지명 차이

'누가', '어디서'가 다르게 기록된 경우입니다.

- 하나님과 사탄 누가 인구조사를 지시했나(삼하 24:1 vs 대상 21:1),
- 골리앗을 죽인 이는 누구인가(삼상 17:50~51 vs 삼하 21:19)

② 시기, 수치 차이

연대, 순서, 숫자가 다른 경우입니다.

- 애굽생활 400년 ↔ 430년(창 15:13 ↔ 출 12:40)
- 베냐민 군 전사자 25,100 ↔ 25,000(삿 20:35 ↔ 삿 20:46)

③ 내용 차이

발언, 사건 전개 · 인용 · 편집 배치 등 텍스트의 내용이 다른 경우입니다.

- 마태복음 ↔ 누가복음 족보 차이(마 1장 ↔ 눅 3장)
- 가룟 유다의 죽음 묘사(마 27:5 ↔ 행 1:18)
- 바울의 회심 장면(행 9장 ↔ 행 22장 ↔ 행 26장)

④ 중복, 양면성

동일 주제에 상반되거나 서로 다른 메시지가 전달되는 경우가 있습니다.

- 하나님의 성품: 진멸 ↔ 자비 · 은혜(신 7:2 ↔ 출 34:6)
- 칼을 가지는 자는 칼로 망한다 ↔ 검을 가지라(마 26:52 ↔ 눅 22:36)

이는 차이나 다른 기록이라기보다 성경이 지닌 상징 언어의 다의성을 보여 줍니다. 성경은 하나의 개념을 다양한 맥락 속에서 확장적으로 해석하게 만듭니다.

이런 내용들을 정리해 보면 성경의 서로 다른 기록들은 단순히 "성경은 틀렸다"로 결론 내릴 문제가 아닙니다. 일부는 사본 전승의 한계에서, 일부는 저자와 독자의 신학적·문화적 간극에서, 또 다른 일부는 성경 언어 자체의 상징적 다의성에서 비롯됩니다.

따라서 성경 읽기는 단순한 '모순 찾기'가 아니라, 본문이 왜 그렇게 기록되었는지, 어떤 신학적 메시지를 전하려는지를 묻는 과정이어야 합니다. 오히려 이러한 서로 다른 기록들이 성경을 더 풍성하게 이해하는 계기가 될 수 있습니다.

3부

인물, 지명 차이

1.
하나님과 사탄, 누가 인구조사를 지시했나?

다윗의 통치 말기, 왕국은 안정되고 주변 국가들이 제압된 상태였습니다. 이 시기에 다윗은 하나님께 전적으로 의지하기보다, 자신의 군사적 능력을 확인하고 자랑하려는 마음에 사로잡혔습니다.

이러한 배경 속에서 실시된 인구조사는 사무엘하에는 하나님께서 진노하셔서 다윗을 격동시킨 사건으로, 역대상에는 사탄이 다윗을 충동하여 진행된 사건으로 기록하고 있습니다.

> 여호와께서 다시 이스라엘을 향하여 진노하사 그들을 치시려고 다윗을 격동시키사 가서 이스라엘과 유다의 인구를 조사하라 하신지라 (삼하 24:1)
> 사탄이 일어나 이스라엘을 대적하고 다윗을 충동하여 이스라엘을 계수하게 하니라 (대상 21:1)

즉, 인구조사의 배경과 주체에 대한 설명이 사무엘서와 역대기에 서로 다르게 기록되어 있는 것입니다.

세 가지 해석

이렇게 서로 다른 지시자에 대해서는 세 가지 해석이 있습니다.

① 전통적 해석(대다수 주석)

아우구스티누스, 장 칼뱅, 그리고 현대 신약학자들은 역대상 21:1절의 사탄은 비록 완전히 타락한 영적 존재(마귀)지만, 하나님이 허락하셔서 사탄이 다윗을 시험한 것으로 보는 견해를 제시했습니다.

즉, 하나님이 허락하시어 사탄이 움직인 것으로 두 본문은 관점 차이일 뿐 모순이 아니라는 것입니다. 대다수의 주석이 이 해석을 따르고 있습니다.

② '대적자 일반' 해석(정치·군사 세력설)

사탄(śāṭān)은 히브리어로 '대적자'를 뜻합니다. 실제로 구약의 다른 본문(왕상 11:14, 23)[1]에서도 '사탄'은 군사적 · 정치적 적대자를 가리키기도 합니다.

문맥상으로도 역대상 21장은 20장의 전쟁 기록에 이어지므로, 사탄을 이방 나라 같은 적대 세력으로 이해할 수 있습니다. 하나님께서 이방 나라를 도구로 사용하셔서 다윗이 하나님보다 군사력을 의지하도록 시험하셨다는 관점입니다.

---

1) 개역개정 성경에는 '대적자'로 번역되어 있으나 히브리어 원문은 '사탄(śāṭān)'으로 기록

③ '흑화되기 전 사탄' 해석(구약 신학사 관점)

성경에는 구약 시대의 사탄이 하나님과 대립하는 존재가 아니라, 하나님 나라의 감시자 역할을 수행하는 것으로 볼 수 있는 기록들이 있습니다.

> 여호와께서 사탄에게 이르시되 내가 그의 소유물을 다 네 손에 맡기노라 다만 그의 몸에는 네 손을 대지 말지니라 사탄이 곧 여호와 앞에서 물러가니라 (욥 1:12)
>
> 여호와께서 사탄에게 이르시되 사탄아 여호와께서 너를 책망하노라 예루살렘을 택한 여호와께서 너를 책망하노라 이는 불에서 꺼낸 그슬린 나무가 아니냐 하실 때에 (슥 3:2)

이런 관점에서 역대상 21:1절의 사탄은 하나님 명령·허락 아래 활동하는 감시자로 볼 수 있고, 사무엘하의 내용과 부합되는 설명이 가능하게 됩니다.

따라서 사무엘하 24:1절은 하나님의 주권적 심판을 강조하고, 역대상 21:1절은 사탄의 감시자 역할을 강조한 것으로 서로 모순이 아니라는 것입니다.

하지만 여기에서 중요한 것은, 해석의 차이를 넘어 핵심 메시지는 동일하다는 것입니다. 다윗은 하나님이 아닌 군사력과 같은 인간적인 수단을 의지하려 했고, 그로 인해 죄를 범했습니다.

하나님께서는 바로 그 교만을 징계하셨습니다. 그리고 다윗은 인구조사 후에 스스로 죄를 깨닫고 자책하며 회개했습니다(삼하 24:10).

2.
골리앗은 누가 죽였나? 다윗? 엘하난?

'골리앗'과 관련된 전투기록은 성경에 사무엘상 17장, 사무엘하 21장, 역대상 20장 등에서 세 차례 등장합니다.

> 블레셋 사람들의 진영에서… 그의 이름은 골리앗이요 가드 사람이라… (삼상 17:4)
>
> 다윗이 이같이 물매와 돌로 블레셋 사람을 이기고… 그의 머리를 베니… (삼상 17:50~51)
>
> …엘하난은 가드 골리앗의 아우 라흐미를 죽였는데… (삼하 21:19)
>
> …야일의 아들 엘하난이 가드 사람 골리앗의 아우 라흐미를 죽였는데… (대상 20:5)

그런데 사무엘하 21:19절이 히브리어 마소라 본문[1]에는 "엘하난이 골리앗을 죽였다[2]"라고 되어 있고, 개역개정은 역대상 20:5절과 고대 번역 전승을 참고하여 "엘하난이 골리앗의 아우 라흐미를 죽였다"라고 번역되어 있습니다.

---

1) 오늘날 구약 성경의 표준으로 사용하는 히브리어 성경

2) 히브리어 마소라 본문 삼하 21:19: אֵת גָּלְיַת הַגִּתִּי, et Golyat ha-Gitti

그러다 보니 히브리어 원문을 근거로 골리앗을 죽인 사람이 다윗이냐 엘하난이냐라는 의문을 제기하는 사람들이 있습니다.

학자들의 다양한 설명

학자들은 이 질문에 대해 다양한 해석을 하고 있습니다.

① 본문 비평적 관점

학계에서는 이 문제를 사본을 베끼는 과정에서 일어난 필사 오류로 설명합니다. 고대에는 책을 일일이 손으로 필사했기 때문에 글자가 빠지거나, 비슷한 단어를 잘못 옮기는 일이 흔했습니다. 여기서도 원래는 "엘하난이 골리앗의 아우 라흐미를 죽였다"가 맞는데, 필사자가 실수로 '골리앗[1]'이라고 옮겨 적었다는 것입니다.

역대상 20:5절에는 분명히 "엘하난이 라흐미를 죽였다"라고 기록되어 있어서, 학자들은 이쪽이 더 정확한 전승이라고 보고 있습니다.

② 고대 전승 혼합설

일부 학자들은 이 사건을 지역별로 내려오던 서로 다른 전승이 합쳐지면서 생긴 혼란으로 봅니다.

---

1) 히브리어: '골리앗(גָּלְיָת)'과 '라흐미(לַחְמִי)'

- 예루살렘 왕실 전승: 다윗이 블레셋의 거인을 무찔렀다는 이야기
- 베들레헴 전승: 엘하난이라는 용사가 거인을 무찔렀다는 이야기

후대에 성경을 편집하는 과정에서 이 두 이야기가 섞이면서, 사무엘하 21:19절처럼 혼란스러운 표현이 남았다는 것입니다.

또 어떤 학자들은 "골리앗"이 꼭 한 사람의 이름이라기보다, '블레셋의 거인 전사'라는 칭호였을 수 있다고도 봅니다. 그렇다면 "다윗이 골리앗을 죽였다"와 "엘하난이 골리앗을 죽였다"는 말은, 서로 다른 '거인 전사'를 가리키는 것일 수 있습니다.

③ 보수적·신학적 관점

교회 전통에서는 다윗은 사무엘상 17장에서 골리앗 본인을 죽였고, 엘하난은 사무엘하 21장과 역대상 20장에서 골리앗의 아우 라흐미를 죽였다고 봅니다.

따라서 사무엘하 21:19절의 '골리앗'이라고만 되어 있는 것은 번역 문제라기보다, 히브리어 원문이 필사 과정에서 손상되어 이름이 일부 빠진 결과라고 봅니다. 역대상 20:5절이 같은 사건을 더 정확하게 보존했기 때문에, 이를 통해 사건을 이해할 수 있다는 것입니다.

④ 기타 다른 주장들

다른 소수 주장으로는 원래는 엘하난이 골리앗을 죽였으나, 다윗의 영웅

성을 높이기 위해 다윗의 이야기로 전환되었다는 주장이 있습니다. 또 다른 견해로는 다윗과 엘하난이 사실은 동일 인물이라는 의견도 있지만 성경에는 다윗과 엘하난의 아버지가 다르게 기록되어 있어 학계에서는 거의 지지를 받지 못하고 있습니다.

> 다윗은 유다 베들레헴 에브랏 사람 이새라 하는 사람의 아들이었는데… (삼상 17:12)
>
> …베들레헴 사람 야레오르김의 아들 엘하난은… (삼하 21:19)

시대 배경과 상황

정확한 내용을 알기 위해서는 다윗과 엘하난이 활동하던 시대의 배경과 상황을 살펴볼 필요가 있습니다.

① 계속된 블레셋과의 전쟁

성경에는 다윗이 왕이 되기 전부터 블레셋과의 전쟁이 끊이지 않았습니다. 왕이 되기 전에는 요나단의 믹마스 전투(삼상 13~14장), 골리앗 사건(삼상 17장), 길보아 전투(삼상 31장) 등이 있었고, 왕위 초반에는 블레셋의 침공(삼하 5:17~25)이, 통치 후반에는 거인들과의 전투(삼하 21:15~22, 대상 20:4~8) 등이 있었습니다. 전쟁이 많았으므로 비슷한 이름의 전사가 여러 차례 기록될 수 있습니다.

② 골리앗을 죽인 시기

다윗은 사울 시대 청년으로 골리앗과 싸웠고, 엘하난은 다윗의 심복으로, 다윗 통치 말기의 전투에 등장합니다. 따라서 활동 시기에 상당한 차이가 있습니다.

③ 이름과 대표명 사용 관습

성경에서는 한 이름이 여러 번 사용되거나, 개인 이름이 가문이나 민족 전체를 가리키는 경우가 많습니다.

- 이름 재사용: 다말(창 38장, 삼하 13장), 므낫세(창 41장, 왕하 21장), 호세아(민 13장, 왕하 17장, 호 1장)처럼 같은 이름이 반복적으로 사용된 경우가 있습니다.
- 대표명 사용: 야곱의 이름인 '이스라엘'이 민족 전체의 이름이 되었고, 노아의 손자 '가나안[1]'은 지명과 민족의 이름이 되었습니다.

따라서 '골리앗'도 한 개인의 이름일 뿐 아니라, 가드 출신 거인 전사 가문을 대표하는 명칭으로 사용되었을 가능성이 있습니다.

1) 노아의 아들인 함의 아들

사무엘서와 역대기의 기록 의도

사무엘서는 다윗 왕조 시대를 기록했고, 역대기는 포로 귀환 이후에 재해석된 기록으로 볼 수 있습니다.

따라서 사무엘서에는 단순히 '골리앗'이라고 적혀 있고, 역대기는 전승을 바탕으로 '라흐미 곧 골리앗의 형제'라고 구체화했을 가능성이 큽니다. 이에 따라 후대 번역본들은 역대기의 전승에 따라 타르굼[1]과 불가타[2]는 '골리앗의 형제'로 번역하였고, 개역개정은 역대상의 전승과 고대 번역본들의 흐름을 반영하여, '골리앗의 아우 라흐미'라고 번역한 것으로 보입니다.

그래서 결론은?

따라서 이렇게 정리할 수 있습니다. 다윗이 죽인 골리앗은 사무엘상 17장의 골리앗입니다. 엘하난이 죽인 것은 골리앗 집안의 전사, 곧 그의 형제 라흐미입니다.

사무엘하의 본문에는 전승 과정에서 '골리앗'이라는 이름이 그대로 남아 있지만, 역대기는 이를 보완하여 '라흐미 곧 골리앗의 형제'로 구체적으로 기록합니다.

1) 히브리어 구약성경을 아람어로 번역·해석한 성경 전승
2) 5세기 초 번역된 라틴어 성경

성경 기록의 차이는 겉으로는 혼란을 주지만, 오히려 당시 전쟁의 빈번함, 이름 사용 관습, 본문 형성 과정을 잘 보여 줍니다. 더 중요한 것은, 다윗이든 엘하난이든, 하나님께서 이스라엘과 함께하셔서 블레셋이라는 거대한 대적을 꺾으셨다는 사실입니다.

결국 성경은 "누가 골리앗을 죽였는가?"라는 질문을 넘어, 하나님께서 약한 자를 들어 강한 자를 이기게 하신 구원의 역사를 증언합니다. 이것이 우리들이 붙들어야 할 믿음의 메시지입니다.

3.
미갈의 자녀?

미갈의 자녀 문제 역시 성경이 같은 사실을 서로 다르게 기록하고 있다는 사례로 자주 언급됩니다. 히브리어 마소라 본문을 기준으로 사무엘하 6장에는 미갈이 자녀가 없다고 기록되어 있는데, 사무엘하 21장에는 미갈에게 아들 다섯 명 있다고 기록되어 있기 때문입니다[1].

그리고 현대 성경(개역개정, NIV, ESV 등)에는 이미 사무엘하 21:8절이 '미갈'에서 '메랍'으로 정정되며 '메랍의 다섯 아들'로 되어 있는데, 비판자들은 이것 역시 인위적인 수정이라고 주장하고 있습니다.

> 그러므로 사울의 딸 미갈이 죽는 날까지 그에게 자식이 없으니라 (삼하 6:23)
>
> …사울의 딸 메랍에게서 난 자… 아드리엘의 다섯 아들을 붙잡아 (삼하 21:8)

---

1) 히브리어 마소라 본문: "왕이 아야의 딸 리스바의 두 아들과, 사울의 딸 미갈이 아드리엘에게서 낳은 다섯 아들을 붙잡았다" (삼하 21:8).

미갈과 메랍

히브리어 마소라 본문에서의 차이는 필사 과정에서 '메랍(מֵרַב)'과 '미갈(מִיכַל)'의 철자와 발음이 유사하여 필사자가 혼동했을 가능성이 큽니다.

실제로 기원전 3세기경에 번역된 칠십인역에서는 이미 이 부분을 '메랍'으로 번역하여 오류를 바로잡았습니다.

그리고 성경의 다른 기록을 보면 사울은 맏딸 메랍을 아드리엘에게 아내로 주었고(삼상 18:19), 미갈은 다윗과 결혼했으므로 아드리엘과는 혼인 관계가 없었습니다. 따라서 아드리엘의 다섯 아들은 당연히 메랍의 자녀가 맞습니다.

따라서 현대 성경 번역이 '미갈'을 '메랍'으로 바꾼 것은 성경을 자의적으로 바꾼 것이 아니라, 다양한 고대 사본들을 비교하여 원래의 기록에 가깝게 본문을 회복하려는 '본문 비평[1](Textual Criticism)의 결과라고 볼 수 있습니다.

만약 '미갈'을 그대로 둔다면 성경 내에서 분명한 모순(삼하 6:23과 21:8)이 남아 있게 되지만, '메랍'으로 읽으면 성경 전체 기록과 자연스럽게 조화를 이룹니다. 따라서 이는 성경을 자의적으로 고친 것이 아니라, 오히

1) 성경의 여러 사본(寫本)들 사이에 존재하는 차이를 비교·분석하여, 저자가 기록했을 것으로 추정되는 가장 원래의 본문(original text)을 최대한 가깝게 회복하려는 학문

려 원래 기록을 회복한 것이라 할 수 있습니다.

계속 언급되는 이유

그럼에도 불구하고 19세기 이후 성경 비평학자들은 이러한 본문 차이를 정리하며 '성경의 불일치' 사례로 자주 언급했고, 이후 무신론자나 자유주의 신학자들이 대중에게 '성경은 스스로 모순되는 책'이라고 주장하는 데 활용하게 되었습니다.

결국 미갈의 자녀 문제는 성경 기록 자체의 모순이라기보다는, 사본 전승 과정에서 생긴 오류와 그것을 확대 해석한 비평가들의 주장 속에서 불거진 논쟁입니다.

그러나 현실적으로 비평가들과 불신자들은 이런 사례를 들어 성경의 권위를 흔들고 있고, 누구라도 성경에 대한 신뢰와 믿음이 없다면 쉽게 흔들릴 수 있습니다.

차이를 보는 평신도의 태도

따라서 평신도에게 중요한 것은 '성경의 차이를 어떻게 바라보느냐' 하는 태도입니다. 단순한 본문 차이를 '성경 전체의 오류'로 단정할 것인지, 아니면 오랜 전승 과정 속에서도 하나님의 말씀은 본질적으로 변함없이 보존되어 왔음을 신뢰할 것인지는 각자의 믿음의 문제이기도 합니다.

더 나아가 성경은 전승 과정에서의 차이를 '삭제하거나 감추지 않고', 오히려 본문과 주석·사본 비교를 통해 독자에게 그대로 공개하고 있습니다. 이런 방식은 신앙의 안전성을 무너뜨리기보다, 오히려 '성경이 어떻게 전승되었는지'를 투명하게 보여 줌으로써 신뢰성을 더욱 높여 줍니다.

덧붙여 생각할 것은, 모든 고대 경전은 원본이 남아 있지 않고 구전·필사 전승 과정에서 차이가 발생했다는 사실입니다. 각 종교는 이를 나름의 방식으로 처리해 왔습니다.

- 기독교 성경
  다양한 사본을 보존하고, 비교·주석을 통해 차이를 공개

- 이슬람 꾸란
  칼리프 시대에 표준판으로 통일하고 다른 판본은 폐기, 이후 낭송 전통 유지

- 불교·힌두교 경전
  지역·언어별 전승을 병행 유지, 일부는 표준판을 시도

- 유대교 타나크
  마소라 본문을 중심으로 하되 사본 비교 전통 유지

이는 우열의 문제가 아니라, 각 종교가 자신들의 경전을 보존하기 위해 선택한 최선의 방법들입니다. 다만 성경의 독특한 특징은, 전승 과정의 차이를 숨기지 않고 오히려 투명하게 드러냄으로써, 말씀의 신뢰성과 권위를 더욱 강화한다는 점입니다.

결국 이러한 논의는 성경의 무오성에 도전하는 사례라기보다, 오히려 하나님께서 말씀을 어떻게 역사 속에서 지켜 오셨는지를 다시 한번 확인하는 기회가 될 수 있습니다.

4.
도대체 누가 몇 명을 죽인 것인가?

에돔과의 전쟁에서 '다윗, 아비새, 요압 중 누가 승리를 거둔 것인지', '18,000명을 죽였는지, 12,000명을 죽였는지'. 성경에 서로 다르게 기록되어 있다 보니, 이 부분도 성경에 차이가 있다는 사례로 많이 언급되고 있습니다.

> 다윗이 소금 골짜기에서 에돔 사람 만 팔천 명을 쳐죽이고 돌아와서 명성을 떨치니라 (삼하 8:13)
> 스루야의 아들 아비새가 소금 골짜기에서 에돔 사람 만 팔천 명을 쳐죽인지라 (대상 18:12)
> …요압이 돌아와 에돔을 소금 골짜기에서 쳐서 만 이천 명을 죽인 때에 (시편 60편 표제)

누가 승리한 것인가?

누가 승리를 했는지는 성경을 조금 더 자세히 읽어 보면 해답을 찾을 수 있습니다. 다윗 시대에 전투의 현장 지휘와 군사 작전은 대부분 총사령관 요압이 담당했고(삼하 8:16, 20:23), 아비새는 그 밑에서 주요 전투를 지휘한 부사령관격 장군(삼하 18:2, 대상 18:12)이었습니다.

신학자들은 ‘소금 골짜기 전투’에서 ‘총지휘자 다윗, 총사령관 요압, 현장 지휘관 아비새’라는 지휘 체계의 역사적 맥락을 강조하기도 하였고, 역대기 저자가 아비새를 언급한 것은 단순한 착오가 아니라, 다윗을 전쟁터의 영웅으로만 보지 않고 ‘성전 준비와 하나님을 경외하는 왕’으로 강조하기 위해, 전쟁의 공로를 장군들에게 분산시키려는 편집적 의도가 반영된 결과라는 견해를 밝히기도 합니다.

18,000명 vs 12,000명

같은 전투에서 18,000과 12,000이라는 두 숫자가 나온 것에 대해 학자들은 크게 두 가지 설명을 제시합니다.

① 사본학적 사유

히브리어 숫자는 자음 기호로 기록되었는데, 12,000(י״ב אלף (yod + bet))과 18,000(י״ח אלף (yod + het))은 필사 과정에서 혼동될 가능성이 있습니다. 실제로 마소라 본문과 대부분의 전승은 18,000명을 전하고, 칠십인역은 12,000명으로 번역하고 있습니다. 이 차이는 필사 전승의 변동에서 비롯된 것으로 보입니다.

② 신학적 상징

시편은 역사 기록이라기보다 찬양과 교훈을 위한 문학 장르입니다. 따라서 숫자가 반드시 역사적 정확성만을 지향한다고 보기는 어렵습니다. 일부 학자들은 18,000명은 전투의 실제 규모와 승리의 장대함을 강조한 숫자로, 12,000명은 공동체를 격려하고 하나님의 언약 백성의 완전함을 강조하는 상징적 숫자로 이해합니다.

특히 12×1,000=12,000은 '언약 백성의 충만한 연합'을 의미할 수 있으며, 이는 요한계시록에서 각 지파마다 12,000명씩 인침을 받는 구조와도 유사하게 읽힐 수 있습니다. 다만 이것이 구약 본문 자체의 의도라기보다는, 후대 공동체가 이 숫자를 상징적으로 읽을 수 있는 여지를 제시했다고 보는 것이 타당할 것입니다.

따라서 "누가 승리했는가?"라는 질문에 대해, 다윗·요압·아비새라는 이름이 각각 기록된 것은 '왕의 업적 강조', '총사령관의 공로', '현장 지휘관의 활약'이라는 다른 시각을 보여 줄 뿐 모순이라고 보기는 어렵습니다.

또한 "몇 명이 죽었는가?"라는 차이는 사본 전승의 변이일 수도 있고, 동시에 하나는 역사적 규모를, 다른 하나는 신학적 메시지를 담은 것으로 볼 수 있습니다.

이 본문은 단순히 성경의 신빙성을 약화시키는 모순이 아니라, 다양한 전승과 기록 방식 속에서 하나님의 주권과 언약 성취를 드러내는 사례로 이해할 수 있습니다.

이는 성경 기록의 복합성과 신학적 깊이를 보여 주며, 독자로 하여금 본문을 더욱 다각도로 성찰하게 만듭니다.

5.
모세의 장인 이름이 왜 다른가?

모세 장인의 이름이 이드로, 르우엘, 호밥[1] 등으로 성경에 다르게 기록되어 있고, 장인의 족속도 미디안과 겐으로 쓰여 있어, 이 역시 성경이 서로 다른 기록을 가지고 있다는 사례로 종종 언급되기도 합니다.

> 모세가 그의 장인 미디안 제사장 이드로의 양떼를 치더니… (출 3:1)
> 미디안 제사장에게 일곱 딸이 있었더니… 그들이 그들의 아버지 르우엘에게 이를 때에… (출 2:16~18)
> 모세가 모세의 장인 미디안 사람 르우엘의 아들 호밥에게 이르되… (민 10:29)
> 모세의 장인은 겐 사람이라… (삿 1:16)
> 모세의 장인 호밥의 자손 중 겐 사람 헤벨이… (삿 4:11)

신학자들의 여러 해석들

신학자들은 여러 해석을 제시하며, 이를 성경 기록의 오류가 아니라 전승의 다양성과 이름 사용의 차이로 이해하려고 합니다.

---

1) 민 10:29에서는 처남, 삿 4:11에서는 장인으로 기록

① 미디안과 겐족의 관계

겐족이 미디안족의 한 분파이거나 동맹관계, 혈연관계 등에 있었을 가능성입니다. 그러나 이를 뒷받침할 직접적인 증거가 부족합니다.

② 개명을 했거나 두 개의 이름을 쓰는 경우

아브람이 아브라함이 되고 야곱이 이스라엘이 된 사례처럼 이드로와 르우엘이 한 사람의 이름이라고 해석하는 경우입니다. 하지만 확정적인 결론이라기보다는 가능성 차원에서 제시된 설명에 가깝습니다.

③ 호밥? '처가의 남자들'을 뜻하는 말?

호밥이 민수기에서는 처남이라는 뜻으로, 사사기에서는 장인이라는 뜻으로 사용된 기록이 있으므로 처가의 남자들을 통칭하는 말이라는 해석도 있습니다.

하지만 '결혼으로 연결된 남성 친족'이라는 뜻을 가진 히브리어 '호텐[1](חֹתֵן)'이 이미 두 구절에서 '장인'으로 번역되어 있어 '호밥'이 가족관계의 호칭으로 보는 것은 신중하게 검토될 필요가 있어 보입니다.

---

1) 히브리어 호텐은 상황에 따라 장인(출 3:1, 출 4:18, 출 18:1), 처남(민 10:29), 사위(삿 19:5, 삼상 18:18, 삼하 3:14) 등으로 번역

'호텐(חֹתֵן)'의 번역

히브리어 '호텐(חֹתֵן)'은 본래 '사위'를 가리키는 단어였으나, 사용 관례상 혼인 관계로 맺어진 남성 친족 전반(장인, 처남 등)을 가리키기도 했습니다. 그런데 번역 과정에서 본문 문맥과 전통적 번역 관례가 복합적으로 작용하면서, 장인·처남·사위 등으로 세분화됩니다.

헬라어 칠십인역에서는 히브리 원본처럼 동일한 단어를 사용해 모호성을 유지했고, 라틴어 불가타에서 처음으로 장인과 사위로 구분되기 시작했습니다. 이후 영어 성경들은 문맥에 따라 장인·처남·사위로 다르게 번역을 하였습니다

결국 번역자들이 문맥에 따라 의미를 세분화한 것이며, 이는 성경의 권위가 원문에 있느냐, 아니면 번역에도 동일하게 적용되느냐 하는 새로운 신학적 질문과도 연결됩니다.

원문과 번역문

번역자들이 문맥에 따라 의미를 세분화한 것은 단순한 언어 변환을 넘어, 사실상 본문 해석이고 주석적 개입으로 볼 수 있습니다.

기독교 신앙은 번역이 아니라 원문에 하나님의 영감이 있다[1]고 보며, 번역본의 다양성은 오히려 원문 의미의 폭과 깊이를 연구할 기회를 준다고 보고 있습니다.

정리하면 하나님의 말씀은 원문에 온전히 보존되어 있고, 모든 번역본은 원문의 내용을 각 시대·언어·문화에 맞도록 옮겨 그 진리에 접근하게 하는 여러 창문이라는 것입니다.

따라서 번역에서 인간의 언어 습관과 해석이 개입될 수도 있고, 오늘날 남아 있는 사본들 간의 작은 차이는 존재하지만, 성경의 교리와 구속사의 본질적 메시지에는 전혀 영향을 주지 않았다는 것입니다.

그리고 기독교 번역은 '자의성'을 배제하는 원칙을 따라 왔기 때문에 번역마다 차이는 있을 수 있으나 본질은 동일하게 보존되어 왔다고 믿고 있습니다.

왜냐하면 원문 사본이 다수 존재하고, 서로 다른 번역이 공개되어 있어 비교와 검증이 가능할 뿐 아니라, 만일 왜곡되어 있다고 하더라도 다양한 전승과 사본 비교를 통해 반드시 드러나게 되어 있기 때문입니다.

> 여호와의 말씀은 순결함이여 흙 도가니에 일곱 번 단련한 은 같도다 (시 12:6)

---

1) 복음주의·보수 신학의 전통적 입장

> 풀은 마르고 꽃은 시드나 우리 하나님의 말씀은 영원히 서리라 하라 (사 40:8)

따라서 성경은 번역 차이를 넘어 2천 년 이상 본질을 보존해 온 하나님의 말씀으로 신뢰할 수 있습니다.

그래서 모세의 장인은 누구?

① 역사비평적 관점에서 보면,
모세의 장인이 누구인지에 대해서는 학문적으로 다양한 해석이 존재합니다.

앞에서 언급했던 것처럼 히브리어 호텐(חֹתֵן)은 본래 '사위'를 뜻하지만, 관례상 장인·처남 등 결혼으로 연결된 모든 남성 친족을 가리킬 수 있습니다. 성경 본문에는 이드로, 르우엘, 호밥이 각각 다른 전승 속에서 '모세의 호텐'으로 기록되어 있어, 단일한 결론을 내리기는 어렵습니다.

그리고 고대 문헌에서 동일 인물에게 여러 이름이 주어지는 것은 흔히 나타나는 현상입니다. 성경은 이런 차이를 인위적으로 통일하지 않고 그대로 보존했습니다. 따라서 이는 오류가 아니라 성경 기록의 정직성과 신뢰성을 보여 주는 증거입니다.

② 신앙과 교회의 전통적 관점에서는,

모세의 장인을 '이드로'로 일관되게 이해해 오고 있습니다. 출애굽기 본문이 이드로를 가장 분명하게 모세의 장인으로 언급하고 있고, 교회 역사 속에서도 '모세의 장인은 이드로'라는 전통이 자리 잡아 왔기 때문입니다. 따라서 신앙생활과 교회 교육에서는 '이드로'라는 이름을 사용하는 것이 자연스럽습니다.

결국 중요한 것은 이름의 다양성 자체가 아니라, 하나님께서 모세를 부르시고 그의 장인을 통하여 이스라엘의 지도 체계를 세우신 역사적 사건입니다.

이름의 차이는 성경의 권위를 흔들거나 구속사의 본질에 영향을 주지 않으며, 오히려 성경이 전승을 숨기거나 조작하지 않았다는 증거가 됩니다.

따라서 이름의 다양성은 성경의 약점이 아니라, 하나님께서 인간 저자들의 기록을 통해 진리를 보존하신 방식의 한 단면입니다. 본질은 이름이 아니라, 하나님이 모세를 부르시고 이스라엘을 구원하신 사건 그 자체입니다.

6.
누가 브엘세바를 명명하였는가?

창세기 21장과 26장에 등장하는 '브엘세바'에 대해 일부 비평가들은 명명 주체와 시기를 다르게 기록하고 있다는 주장을 하고 있습니다. 21장에서는 아브라함과 아비멜렉의 맹세로 인해 브엘세바라는 이름이 붙었다고 기록하고, 26장에서는 이삭이 이름을 붙인 것처럼 서술하고 있기 때문입니다.

> 아비멜렉[1]이 아브라함에게 이르되… 두사람이 거기서 서로 맹세하였으므로 그곳을 브엘세바라 이름하였더라 (창 21:29~31)
> …이삭의 종들이… 우리가 물을 얻었나이다 하매, 그가 그 이름을 세바라 한지라 그러므로 그 성읍 이름이 오늘까지 브엘세바더라 (창 26:32~33)

성경을 조금만 자세히 보면

이런 비평은 성경을 조금만 자세히 보면 바로 해결될 수 있는 내용입니다. '세바'라는 이름을 짓기 전에 이삭이 '브엘세바'로 올라간 기록이 있기 때문입니다.

---

1) 블레셋 왕의 명칭. 이집트 왕을 파라오라 부르는 것과 유사

이삭이 거기로부터 브엘세바로 올라갔더니 (창 26:23)

정리하면 블레셋 사람들이 메꾼 아브라함이 판 우물들을 이삭이 다시 파서, 새롭게 우물들을 명명한 것이고, 아브라함이 명명한 브엘세바라는 지명은 성읍 이름으로 계속 이어진 것으로 볼 수 있습니다.

…블레셋 사람이 그를 시기하여, 그 아버지 아브라함 때에… 판 모든 우물을 막고 흙으로 메웠더라 (창 26:14~15)

…아브라함 때에 팠던 우물들을 다시 팠으니… 이삭이 그 우물들의 이름을 그의 아버지가 부르던 이름으로 불렀더라 (창 26:18)

브엘세바(Be'er-Sheba)는 '일곱의 우물' 또는 '맹세의 우물'이라는 뜻을 가지고 있습니다. 이는 아비멜렉과 아브라함의 맹세에 근거합니다.

그리고 이삭이 파서 블레셋과의 다툼을 피해 넘겨준 에섹(창 26:20)은 '다툼'이란 뜻을, 싯나(창 26:21)는 '적대 · 대항'이란 뜻을 가지고 있고, 다툼이 없게 된 이후에 판 우물은 르호봇(창 26:22)으로 '넓히심'이란 뜻을 가지고 있습니다.

이후 이삭이 브엘세바로 올라가 하나님을 만나고 제단을 쌓은 후에 다시 파게 된 우물이, 바로 '일곱' 또는 '맹세'의 뜻을 가지고 있는 세바입니다(창 26:23~33).

결론적으로, 브엘세바는 아브라함이 붙인 우물 이름에서 시작되어 이삭 세대에 성읍 이름으로 굳어졌습니다. 따라서 이것은 단순한 명명 주체의 충돌이 아니라, 하나님의 언약이 세대를 거쳐 이어지고 확증되는 성경의 문학적·신학적 장치입니다.

7.
성경 속 지명 차이

성경에는 지명 기록에서 차이가 나는 경우가 있습니다. 어떤 경우에는 같은 사건인데 지명이 다르게 기록되기도 하고, 같은 장소인데 표기가 달라지기도 하며, 시간이 흐르면서 지명이 바뀌는 경우도 있습니다.

① 같은 사건, 다른 지명

예수님께서 귀신 들린 자를 고치신 사건은 세 복음서에 모두 기록되어 있지만, 지명이 다르게 나옵니다.

- 마태복음 8:28: 가다라 지방
- 마가복음 5:1~2: 거라사인의[1] 지방
- 누가복음 8:26~27: 거라사인의 땅

가다라[2](Gadara)는 데카폴리스[3]에 속한 큰 도시로, 갈릴리 호수에서 약 10km 정도 떨어져 있습니다. 그리고 거라사(Gerasa)는 오늘날 요르단의 제라쉬(Jerash)로 알려진 고대 도시로 갈릴리 호수에서 약 50km 이상 떨어져 있어 사건의 장소와 맞지 않습니다.

---

1) 거라사인(Gerasenes): 그 도시 사람들(거라사 주민)을 가리키는 표현
2) 현재의 움 카이스(Umm Qais)
3) Decapolis: 팔레스타인 및 요단강 동쪽 지역에 위치한 그리스 문화권의 10개 도시 연합체

따라서 마가와 누가의 '거라사'는 지리적으로 적합하지 않고, 실제 사건의 장소는 가다라 지방에 속한 갈릴리 동편의 작은 마을 '게르사(Khersa, Kursi)'였을 가능성이 큽니다. 현재도 이곳에는 초대 교회 전승에 따라 지어진 유적 교회가 남아 있습니다.

② 같은 곳, 다른 지명

브니엘(Peniel)과 브누엘(Penuel)과 같이, 같은 장소가 성경에서 다르게 표기된 경우도 있습니다.

> 그러므로 야곱이 그 곳 이름을 브니엘이라 하였으니… (창 32:30)
>
> 브누엘 망대를 헐며 그 성읍 사람들을 죽이니라 (삿 8:17)

라암셋(Raamses, 출 1:11)과 라메세스(Rameses, 창 47:11)도 같은 경우에 해당됩니다[1].

③ 시대에 따라 지명이 바뀐 경우

정복, 재명명 등 시대의 변화에 따라 지명이 바뀐 경우도 있습니다.

> …또 바알라 곧 기럇 여아림으로 접어들며 (수 15:9)
>
> 그 곳 이름을 벧엘이라 하였더라 이 성의 옛 이름은 루스더라 (창 28:19)
>
> 골고다 즉 해골의 곳이라는 곳에 이르러 (마 27:33)

---

1) 개역개정은 혼동 방지를 위해 라암셋으로 통일

…여부스는 곧 예루살렘이라… (삿 19:10)

발생 원인

이러한 지명 차이는 대체로 다음과 같은 경우에 발생했습니다.

① 필사 과정의 차이

발음과 철자가 비슷하기 때문에 필사 과정에서 표기 차이가 생겼을 가능성이 있습니다.

- 브니엘(Peniel) ↔ 브누엘(Penuel)
- 라암셋(Raamses) ↔ 라메세스(Rameses)
- 가다라(Gadara) ↔ 거라사(Gerasa)

② 시대 변화에 따른 명칭 변화

정복, 행정 개편, 문화적 영향으로 지명이 바뀌는 것은 역사 속에서 흔히 있는 현상입니다.

③ 전승 차이

구전 전승이나 필사 전승 과정에서 지역 명칭 사용이 달라졌을 가능성이 있다고 학자들은 보고 있습니다.

성경에는 같은 사건이 다른 지명으로 기록되거나, 같은 장소가 다른 표기로 전해지거나, 시대에 따라 지명이 바뀐 사례들이 존재합니다. 그러나 이러한 차이는 성경의 본질적 메시지를 훼손하지 않습니다.

오히려 이런 지명 차이는 성경이 실제 역사 속 사건과 장소를 배경으로 기록된 역사성을 보여 줍니다. 신화나 전설처럼 인위적으로 매끈하게 다듬어진 이야기가 아니라, 구전과 필사, 시대 변화를 거치면서도 하나님께서 보존해 주신 기록이라는 점에서 성경은 더욱 사실성을 갖습니다.

따라서 성경을 읽을 때 지명 차이를 곧바로 성경 기록의 문제나 모순으로 단정할 필요는 없습니다. 성경 기자들이 살던 시대적 배경과 전승의 과정을 겸손히 인정하면서도, 하나님께서 그 사건들을 통해 드러내신 구원의 메시지와 신앙적 교훈에 집중하는 것이 성숙한 태도입니다.

무엇보다 중요한 것은 지명이 '가다라'인지 '거라사'인지를 따지는 것이 아니라, 그 사건 속에서 드러난 예수 그리스도의 권세와 자비, 그리고 하나님의 구원의 역사입니다. 성경의 본질은 인간의 작은 혼동을 넘어, 오늘 우리에게 여전히 살아 역사하시는 하나님의 말씀에 있습니다.

4부

시기, 수치 차이

1.
애굽생활 400년? 430년?

성경에는 이스라엘 백성의 애굽생활 기간이 400년과 430년으로 다르게 기록되어 있습니다.

> 여호와께서… 이르시되… 네 자손이 이방에서 객이 되어 그들을 섬기겠고 그들은 사백 년 동안 네 자손을 괴롭히리니 (창 15:13)
>
> 하나님이… 말씀하시되… 그 땅 사람들이 종으로 삼아 사백 년 동안을 괴롭게 하리라 하시고 (행 7:6)[1]
>
> 이스라엘 자손이 애굽에 거주한 지 사백삼십 년이라 (출 12:40)

그리고 바울은 아브라함 언약(창 12:1~3)이 있은 후 430년 만에 모세의 율법(출 20:1~17)이 주어졌다고 그의 서신에서 기록하고 있어, 애굽에서의 체류 기간에 또 다른 혼란을 주고 있습니다.

> 내가 이것을 말하노니 하나님께서 미리 정하신 언약을 사백삼십 년 후에 생긴 율법이 폐기하지 못하고 그 약속을 헛되게 하지 못하리라 (갈 3:17)

비평가들은 이러한 숫자의 차이가 모순이므로, 성경이 불완전하다고 지

---

1) 스데반이 공회 앞에서 행한 설교(변론) 내용의 한 구절

적해 오고 있습니다.

비평가들의 공격 포인트

① 400년과 430년의 차이

같은 사건을 두고 400년이냐 430년이냐는 모순이라는 설명입니다.

② 족보와 체류 년수의 불일치

출애굽기 6장에 있는 모세의 족보[1]를 근거로 볼 때 세대수가 짧아 실제 430년 체류가 어렵고[2], '성경의 숫자가 역사적 사실이 아니다'라는 주장을 하기도 합니다.

③ 사본 전승의 차이

출애굽기 12:40절은 히브리어 마소라 본문에는 "430년 동안 애굽에 거주"했다고 기록되어 있고, 칠십인역과 사마리아 오경에는 "430년 동안 가나안과 애굽에 거주"했다고 기록하고 있습니다.

비평가들은 "본문 자체가 일관되지 않고, 후대 편집 과정에서 차이가 발생한 증거"라고 주장합니다.

---

1) '(야곱)-레위(137세)-고핫(133세)-아므람(137세)-모세'로 기록. 레위는 애굽 이주 당시 생존(창 46:11), 모세는 출애굽 당시 80세(출 7:7)

2) J.B. Lightfoot(17세기): 족보 분석을 통해 실제 체류 215년설 제안

④ 스데반의 설교(변론)

비평가들은 "스데반조차 단순히 전승을 계승했을 뿐, 역사적 정확성에는 관심이 없었다"라고 지적합니다.

신학자들의 변증법적 접근

이런 비평가들의 공격에 대해 신학자들은 변증법적 접근을 하였습니다.

① 예언적 표현과 역사적 기록

고대 문헌에서 숫자를 '상징적 · 포괄적 표현'으로 사용하는 경우가 많았습니다. 창세기 400년은 '약 4세기 동안'을 가리키는 일반적 표현으로 볼 수 있고, 출애굽기는 연대기적 성격이 강하기 때문에, 실제로 애굽 체류 기간의 총합을 기록하면서 430년을 언급했다는 견해입니다.

② 체류 기간 vs 노예 기간

어떤 학자들은 창세기에서 "사백 년 동안 네 자손을 괴롭히리니"(창 15:13)라고 언급된 것을 근거로, 이스라엘이 애굽에 거주한 기간은 430년이고, 그중 노예 상태를 400년으로 보며, 둘 다 맞는 수치라고 주장하는 경우도 있습니다.

③ 사본 전승에 따른 차이

그리고, 모세와 아론의 족보를 보면 "430년 전부를 애굽에서 살았다고 보기 어렵다"는 문제에 대해 일부 학자들은 430년은 가나안과 애굽에서 체류 기간을 합친 것으로 족보 문제가 해결될 수 있다는 주장을 하기도 합니다.

이에 따라 갈라디아서의 '430년'은 바울이 칠십인역의 전승인 '가나안+애굽'에 근거를 두고 사용한 것으로 추측해 볼 수 있습니다.

④ 족보해석의 유연성

히브리 족보는 '대표 인물'만 기록하고 중간 세대를 생략하는 경우가 흔하므로, '레위-고핫-아므람-모세'라는 짧은 족보를 근거로 "애굽 체류가 짧았다"고 단정할 수 없다는 주장입니다.

⑤ 스데반의 신학적 의도 강조

스데반의 설교는 연대학적 정확성이 아니라 "하나님이 예언하신 대로 이스라엘이 고난받고 결국 구원받았다"는 신학적 메시지가 핵심이므로, 숫자 차이를 문제 삼는 것은 본문의 의도를 오해한 것이라고 비평가들의 의견을 반박하고 있습니다.

비평가들은 본문 차이를 성경의 신뢰성 약화 근거로 삼지만, 변증가들은 이를 본문 장르와 표현 방식, 사본 전승의 다양성으로 설명하며 '모순이 아니라 관점 차이'라고 주장합니다.

다만 이런 해석은 성경의 권위를 지키려는 진지한 노력임에도 불구하고, 독자에 따라서는 충분히 설득력 있게 다가오지 못하거나, 어떤 경우에는 억지 설명을 하는 것처럼 비춰질 수도 있습니다.

400과 430 정말 중요한가?

성경 안에 400년과 430년이라는 서로 다른 숫자가 기록된 것은 분명한 사실입니다. 그러나 이것이 성경의 신뢰성을 무너뜨리는 모순은 아닙니다.

고대 문헌의 기록 방식, 사본 전승의 다양성, 예언적 표현과 역사적 기록의 차이에서 비롯된 현상일 뿐입니다.

중요한 것은 하나님께서 말씀하신 대로 이스라엘이 고난을 겪었고, 때가 되어 구원받았다는 사실입니다.

숫자의 차이는 본질을 흔들지 못합니다. 오히려 이 차이를 통해 성경이 역사 계산서가 아니라, 하나님의 약속과 구원의 이야기를 전하는 책이라는 사실을 더 분명히 알 수 있습니다.

그러므로 성경을 읽는 우리의 관심은 "정확히 몇 년인가?"가 아니라, "그 기간 동안 하나님께서 어떤 일을 이루셨는가?"에 맞추어야 할 것입니다.

우리가 성경을 읽을 때 중요한 것은, 이 차이가 믿음을 흔드는 모순이 아니라, 오히려 하나님의 신실하심을 여러 방식으로 확인하게 한다는 사실입니다.

2.
베냐민군 전사자가 25,100명? 25,000명?

사사기 19장과 20장에는 베냐민 지파 사람들이 기브아에서 레위 지파 사람의 여인을 집단 성폭행하고 살해한 것과, 이것이 원인이 되어 발생한 베냐민 지파와 나머지 다른 지파 간의 전쟁 기록이 적혀 있습니다.

그런데 여기에 베냐민 지파의 전사자 수가 25,100명과 25,000명으로 다르게 기록되어 있습니다.

> 여호와께서 이스라엘 앞에서 베냐민을 치시매 당일에 이스라엘 자손이 베냐민 사람 이만 오천백명을 죽였으니 다 칼을 빼는 자였더라 (삿 20:35)
>
> 이날에 베냐민 사람으로서 칼을 빼는 자가 엎드러진 것이 모두 이만 오천명이니 다 용사였더라 (삿 20:46)

차이 발생 이유

사사기 20장에 따르면, 베냐민 지파에서 전투에 참여한 사람은 베냐민 자손 26,000명과 기브아 주민 700명으로, 모두 26,700명이었습니다(삿 20:15). 전쟁이 끝난 후 살아남아 도망간 사람은 600명으로 기록되어 있습니다(삿 20:47).

셋째 날 전투에서는 이스라엘의 매복 작전에 걸려 25,100명이 전사했다고 나옵니다(삿 20:35).

이어지는 본문에서는 전체 전쟁 결과를 다시 요약하면서, 구체적인 장소별 전사자 수를 나열합니다. 기브아에서 18,000명(삿 20:44), 림몬 바위 큰 길에서 5,000명, 그리고 기돔에서 2,000명(삿 20:45) 등으로 모두 합쳐 25,000명이 전사했다고 기록합니다.

이런 상황을 볼 때 25,100명과 25,000명의 차이는 다른 기록이라기보다는 상황에 따른 '어림수'로 보는 것이 타당할 것입니다. 이는 고대 문헌에서 흔한 숫자 표현 방식이기도 합니다.

그리고 성경은 이런 사실을 히브리어 마소라 본문, 칠십인역, 불가타 성경, 그리고 현대의 모든 성경에서 수정 없이 그대로 보여 주고 있습니다. 이것이 도리어 오류가 아니라 어림수라는 주장에 더 힘을 실어 주는 것이 아닌가 생각됩니다.

어쩌면 이 전쟁에서의 관점은 숫자가 아니라 다른 것이 될 수 있을 것 같습니다.

① 왜 하나님은 동족 간의 전쟁을 허락하셨을까?
② 왜 하나님은 이스라엘 군에게 나가 싸우라고 하셨음에도 첫째 날과 둘째 날에 베냐민군이 승리하게 하셨을까?

라는 것입니다.

실제로 이스라엘군은 400,000명이 출전하였으나(삿 20:17), 첫 번째 전투에서 22,000명(삿 20:21), 둘째 날 18,000명이 전사하였고(삿 20:25), 셋째 날에야 전투 초반에 30명 가량이 희생되기는 했지만(삿 20:39) 결국 전쟁에서는 승리할 수 있었습니다.

동족 간 전쟁 이유

전쟁의 직접적인 원인은 기브아 사건입니다(삿 19장). 기브아 사람들이 소돔과 같은 집단적 성범죄를 저지른 것이 원인이었고, 이스라엘이 범죄자를 내어달라고 요구했지만 베냐민 지파의 선택은 거절이었습니다(삿 20:12~14).

"왕이 없으므로 각기 자기 소견에 옳은 대로 행하였더라"(삿 21:25)는 말씀처럼 하나님을 주인으로 모시지 않고 자기 판단을 하여 정의보다 혈연과 지파의 이익을 선택한 것입니다.

결국 이스라엘과 전쟁을 하게 됩니다.

전쟁 초기 이스라엘군의 패배 이유

이스라엘은 전쟁을 앞두고 하나님께 "누가 먼저 올라가야 합니까?"라고 여쭈었고 첫째 날에는 "유다가 먼저 가라"(삿 20:18)는 지시를 받았으며, 둘째 날에도 "올라가서 치라"(삿 20:23)는 지시를 받고 전쟁에 나갔습니다. 그러나 결과는 첫째 날 22,000명, 둘째 날 18,000명이 전사하며 두 번이나 패배했습니다.

보통 성경에서는 "하나님의 지시가 곧 승리"로 이어지는 경우가 많지만, 여기서는 다르기 때문에 당황스럽고 여러 의문이 생기게 됩니다.

첫째 날 이스라엘의 "누가 먼저 갈까요?"(삿 20:18)라는 질문은, 이미 전쟁을 결정한 상태에서 단순히 출전 순서만 묻는 수준에 불과했습니다.

둘째 날에는 "울며 여쭈되 다시 싸우리이까"(삿 20:23)라고 묻기는 했지만, 여전히 회개나 제사는 없었습니다.

결국 두 번 모두 패배했습니다.

그러나 셋째 날에는 모든 백성이 올라가 울며 금식하고, 번제와 화목제를 여호와 앞에 드리며(삿 20:26), 언약궤 앞에서 간구했습니다(삿 20:27). 그때 하나님께서 비로소 "내일은 내가 그들을 네 손에 넘겨 주리라"(삿 20:28)는 명확한 승리의 약속을 주셨고, 결과적으로 전쟁에서 승리하게 되었습니다.

정리하면, 첫째 날과 둘째 날에는 하나님의 뜻을 형식적으로만 물었고, 실제로는 자기 의와 힘에 기대고 있었습니다.

그러나 셋째 날에야 비로소 금식과 제사, 회개로 하나님 앞에 전적으로 의탁하고 의지하며 엎드렸고, 그때 승리의 약속을 받게 된 것입니다.

이 과정을 통해 하나님은 단순히 "하나님의 뜻을 묻는 것"과 "하나님을 실제로 의지하는 것" 사이에 분명한 차이가 있음을 가르쳐 주십니다.

베냐민 지파의 회복

베냐민 지파는 세 번째 전투에서 큰 패배를 당하여 600명만 도망가고(삿 20:47), 성읍과 가축, 사람까지 모두 멸절되어(삿 20:48) 사실상 지파가 끊길 위기에 놓였습니다. 그러나 하나님은 그들에게도 회복의 길을 열어 주셨습니다.

이스라엘 자손들이 베냐민 지파가 끊어질 것을 뉘우치게 하셨고(삿 21:6), 자신들의 딸을 베냐민 지파의 아내로 주지 않기로 했던 것(삿 21:1)도 뉘우치게 하셨습니다(삿 21:15). 그 결과 남은 600명에게 아내를 얻게 하여 지파를 이어 가게 하셨고(삿 21:23), 훗날 사울 왕을 배출할 정도로 역사 속에서 다시 자리 잡게 하셨습니다.

베냐민 지파의 죄는 자기 소견과 집단 이익을 따른 것이었습니다. 하나님은 언약 백성이라도 그 죄를 가볍게 다루지 않으시고 철저히 심판하셨습니다. 그러나 동시에 남은 자를 통해 다시 회복시키시고 세우셨습니다.

하나님은 죄를 결코 가볍게 다루지 않으시지만, 하나님이 택하신 백성에게는 언제나 회복의 길을 열어 주신다는 교훈을 우리에게 주고 있습니다.

3.

사울의 즉위 시기 1살? 40살?

히브리어 마소라 본문 사무엘상 13:1절은 “사울이 한 살에 왕이 되어 2년 다스렸다”라고 기록되어 있습니다. 학계에서는 이 본문이 명백히 손상되었거나 결손된 것으로 보고 있습니다.

이에 칠십인역은 아예 이 구절을 번역하지 않았고, 사해사본 역시 사무엘서의 일부만 전해져 13:1절은 남아 있지 않습니다.

현재 사용되는 여러 번역 성경들은 이 구절을 서로 다르게 처리하고 있습니다[1].

- KJV[2]: “1년 다스리고, 2년 다스렸음”
  → 즉위 나이는 생략하고 모호하게 번역
- ESV[3]: “한 해 살고 왕이 되었고, 2년 다스림”
  → 원문을 거의 직역했으나, 의미가 불명확

---

1) 아래 KJV · ESV · NRSV · NIV 등의 사무엘상 13:1절 일부 내용은 비교를 위한 공정목적으로, 영어 성경본문을 필자가 한국어로 의역한 것입니다.
2) King James Version, 1611년 초판, 1769년 개정판, 퍼블릭 도메인 Public Domain
3) English Standard Version, 2001년, © Crossway, Good News Publishers

- NRSV[1]: "…살 즉위, …년과 2년 통치"

  → 숫자를 공란(…) 처리

- NIV[2] (2011): "30살 즉위, 42년 통치"

  → 다른 전승(사도행전 13:21 등)을 참고해 보충

- 개역개정: "40살 즉위, 2년 통치"

  → 즉위 나이는 다른 전승 참고 보충, 기간은 마소라 유지

KJV · ESV · NRSV는 원문 결손 상태를 거의 그대로 드러낸 반면, NIV와 개역개정은 다른 전승과 사본학적 추정을 반영하여 보충했습니다. 이는 마소라 본문 자체의 불완전성에서 비롯된 현상으로 볼 수 있습니다.

한편 신약 성경은 사울의 재위 기간을 약 40년으로 전하고 있습니다.

> 그 후에 그들이 왕을 구하거늘 하나님이 베냐민 지파 사람 기스의 아들 사울을 사십 년간 주셨다가 (행 13:21)

그러나 이 '40년'이라는 수치는 모세, 다윗, 솔로몬 등에게 반복적으로 적용된 전형적 통치 기간과 일치하기 때문에, 상징적 숫자일 가능성이 큽니다. 오히려 이것은 구약 본문에서 사울의 즉위 연령과 재위 기간이 분명하게 전해지지 않았음을 보여 줍니다.

---

1) New Revised Standard Version, 1989년, © National Council of the Churches of Christ in the U.S.A.

2) New International Version, 1978년 초판, 1984년/2011년 개정판, © Biblica, Inc.

따라서 학계의 일반적인 결론은, 사울의 즉위 나이와 실제 재위 기간은 확정할 수 없다는 것입니다. 결국 이 문제는 성경 해석의 어려운 문제로 여전히 남아 있습니다.

어떻게 받아들여야 될까?

사무엘상 13:1절은 ① 훼손된 원본에 다른 접근 중 어떤 것이 적절한 것인가라는 질문과 ② 성경의 불일치된 기록에 대한 올바른 태도가 무엇일까라는 질문을 가져오게 됩니다.

① 훼손된 원본에 대한 접근

번역본에 따라 훼손된 원본을 번역하지 않기도 하고, 훼손된 대로 번역하기도 했으며, 훼손된 부분을 공란으로 표시하기도 하였습니다. 그리고 성경의 이해도를 높이기 위해 다른 전승 등을 활용하여 보완한 경우도 있었습니다.

그러다 보니 성경에도 손상된 부분이 있다는 사실은 숨길 수 없습니다. 대부분의 경우, 다수의 사본과 다양한 전승을 비교함으로써 본문은 신뢰할 수 있게 복원되지만, 사무엘상 13:1절처럼 본래의 숫자를 확정할 수 없는 예외적인 경우도 있습니다.

그렇다면 여기서 가장 중요한 것은 서로 다른 접근으로 인해 하나님의 뜻과 말씀이 바뀌었냐 하는 것입니다.

대답은 분명히 "아니다"입니다.

사울이 몇 살에 왕이 되었는지는 불분명할 수 있지만, 하나님께서 사울을 세우셨고, 사울의 불순종으로 버림받았다는 메시지는 전혀 흔들리지 않았습니다. 즉, 성경의 본질적 진리와 구원의 계시는 보존되었다는 것입니다.

② 성경의 불일치된 기록에 대한 올바른 태도

사울의 즉위 시 나이나 재위 기간처럼, 서로 달라 보이거나 불일치하는 부분들에 대해, 성경은 절대 숨기거나 부인하고 있지 않습니다.

원본의 훼손, 필사와 전승 과정에서 발생할 수 있는 차이와 난제를 숨기거나 억지로 꿰맞추려 하지 않았다는 것이 도리어, 그 오랜 시간 성경의 권위를 지켜 온 성경만이 가지고 있는 특징이라고 생각됩니다.

그리고 무엇보다도 중요한 것은 하나님의 구원의 역사, 예수 그리스도의 복음, 신앙과 삶의 본질은 흔들리지 않고 있다는 것입니다.

결과적으로 사울의 즉위 시 나이와 재위 기간의 불확실보다 더 중요한 것은, 사울이 그 기간 동안 어떻게 살았냐 하는 것입니다.

오늘 우리에게도 마찬가지입니다. “내가 지금 하나님 앞에서 어떻게 살고 있느냐?” 이것이 지금 우리에게 주어진 가장 중요한 질문이 아닐까요?

4.
네 후손이 4대까지 이스라엘 왕위에 오르리라?

예후는 님시의 손자이자 여호사밧[1]의 아들로(왕하 9:2), 혁명을 일으켜 아합 왕조의 대를 끊고 북이스라엘 왕국의 10대 왕으로 등극하여 예후 왕조의 시조가 된 인물입니다.

하나님은 예후에게 "네 자손이 이스라엘 왕위를 이어 사대를 지내리라"(왕하 10:30)고 말씀하셨습니다.

하지만 현대인의 세대 계산으로 볼 때 ① 예후 → ② 여호아하스 → ③ 요아스 → ④ 여로보암 → ⑤ 스가랴 등 모두 5대가 왕위를 이어 가게 됩니다.

> 예후가… 사마리아에 장사되고 그의 아들 여호아하스가 그를 대신하여 왕이 되니라 (왕하 10:35)
>
> 여호아하스가… 그 아들 요아스가 대신하여 왕이 되니라 (왕하 13:9)
>
> …요아스의 아들 여로보암이… 왕이 되어… (왕하 14:23)
>
> 여로보암이… 그의 아들 스가랴가 대신하여 왕이 되니라 (왕하 14:29)
>
> …스가랴가 사마리아에서 여섯달 동안 이스라엘을 다스리며,… 아베스의

---

1) 남유다 왕 여호사밧이 아닌 다른 사람. 동명이인

> 아들 살룸이 그를 반역하여 백성 앞에서 쳐죽이고 대신하여 왕이 되니라 (왕하 15:8~10)

그럼에도 성경은 여호와의 말씀을 이루셨다고 기록하고 있습니다.

> 여호와께서 예후에게 말씀하여 이르시기를 네 자손이 사 대 동안 이스라엘 왕위에 있으리라 하신 그 말씀대로 과연 그렇게 되니라 (왕하 15:12)

그러다 보니 여호와의 약속과 성경의 기록이 불일치한 것이 아니냐라는 의문이 제기되게 됩니다.

세대에 대한 계산 방식

세대 계산 문제는 학자들 사이에서도 두 가지 해석이 있습니다.

① 예후를 제외하고 4대까지로 보는 견해

여호와께서 '네 자손'이라고 명확히 지칭하셨기 때문에 예후의 첫 자손 세대부터 스가랴까지 정확히 4대가 된다는 것으로, 다수의 신학자들이 이 견해를 따르고 있습니다.

② 예후를 포함해 4대까지로 보는 견해

스가랴는 살해당해 왕위에서 쫓겨난 것이므로 제외해야 된다고 보고, 예후부터 여로보암까지 4대가 맞다고 보는 견해도 있습니다.

따라서 "예후 왕조는 4대로 끝났다"는 해석이 두 입장 모두에서 성립할 수 있고, 성경이 말하는 "말씀이 성취되었다"는 모순되지 않다는 것입니다.

신학적 핵심

예후 왕조가 4대인지 5대인지는 어쩌면 본질적인 쟁점이 아닐 수 있습니다.

중요한 것은 예후가 처음에는 하나님의 부름을 받아 왕위에 올랐지만, 왕이 된 후 하나님을 잊고 바알 숭배와 불순종에 빠졌다는 점입니다.

그럼에도 하나님은 당신의 약속을 신실하게 지켜 예후의 후손들이 왕위를 계승하도록 하셨습니다. 그러나 그 후손들 역시 우상숭배와 악행을 반복하였고, 결국 하나님의 심판을 피하지 못했습니다.

따라서 이 사건이 주는 신앙적 메시지는 하나님의 약속은 반드시 성취되지만, 그 약속은 동시에 순종과 거룩함을 요구하며, 불순종은 결국 심판으로 이어진다는 것입니다.

5.
3년만? 실제로는 2년?, 3일 밤낮? 실제로는 2박 3일?

성경에는 지금의 숫자 체계로는 이해가 되지 않는 기록들이 있습니다. 열왕기하 18:9절과 10절은 한 절 차이인데도 비평가들이 보기에는 오해를 할 만한 기록이 있습니다.

> 히스기야 왕 제사년 곧 이스라엘의 왕 엘라의 아들 호세아 제칠년에 앗수르의 왕 살만에셀이 사마리아로 올라와서 에워쌌더라, 삼년 후에 그 성읍이 함락되니 곧 히스기야 왕의 제육년이요 이스라엘 왕 호세아의 제구년에 사마리아가 함락되매 (왕하 18:9~10)

즉 "4+3=7, 7+3=10"이어야 되는데 "4+3=6, 7+3=9"으로 기록되어 있다는 것입니다.

- 히스기야 제사년 = 호세아 제칠년(왕하 18:9)
- 삼년후 함락
- 히스기야 제육년 = 호세아 제구년(왕하 18:10)

요나와 예수님의 '밤낮 삼 일' 역시 엄밀히 따지면 '2박 3일'이어서 밤낮 삼 일이란 말이 오류라고 지적하고 있습니다.

> 여호와께서 이미 큰 물고기를 예비하사 요나를 삼키게 하셨으므로 요나가 밤낮 삼 일을 물고기 뱃속에 있으니라 (욘 1:17)
> 요나가 밤낮 사흘 동안 큰 물고기 뱃속에 있었던 것 같이 인자도 밤낮 사흘 동안 땅 속에 있으리라 (마 12:40)

요나는 물고기에게 삼켜진 그날과 그다음 날 물고기 뱃속에 있었고, 다시 그다음 날 물고기가 뱃속에서 토해져서 나왔습니다. 예수님은 금요일 오후에 돌아가신 후 일요일 새벽에 부활하셨습니다. 기간은 동일하지만 '밤낮 삼 일', '밤낮 사흘 동안'과는 차이가 있습니다.

하지만 이런 차이는 '성경에 오류가 있다'기보다는, 현대인이 사용하는 시간·숫자 체계와 고대 히브리인의 표현 방식이 달라서 생기는 오해라고 보는 게 더 타당합니다.

유대식 날짜 계산 방법

성경의 기록들을 보면 유대인들은 포괄적 계산법과 배타적 계산법을 혼용하여 사용했던 것으로 보입니다.

① 포괄적 계산법(inclusive reckoning)

당일, 당해 연도를 포함해 바로 1일 또는 1년으로 계산하는 방식입니다. 그러니까 앗수르가 사마리아를 포위하기 시작한 해를 '첫해'로 계산하는 것이고 요나가 삼켜진 날과 예수님이 돌아가신 날이 제1일이 되는 것입니다.

② 배타적 계산법(exclusive reckoning)

오늘날처럼 완전한 1일 또는 1년을 채워야 1일 또는 1년으로 계산하는 방식입니다. 어떤 경우는 '3일'이 곧 '72시간'으로 사용되기도 하였고, 즉위년을 '0년'으로 잡고, 그다음 해를 1년으로 계산하기도 하였습니다.

다른 계산법을 쓴 이유

성경 기자들은 상황・자료・의도에 따라 포괄 계산과 배타 계산을 섞어서 썼습니다. 거기에는 몇 가지 이유가 있습니다.

① 서로 다른 왕국・기록원

유다 왕국과 이스라엘 왕국은 연도 기산법이 서로 달랐습니다.

- 유다는 즉위년제(왕이 즉위한 해는 0년, 다음 해가 1년)
- 이스라엘은 비즉위년제(즉위한 해부터 1년)

이 차이가 그대로 성경 기록에 반영되면, 같은 사건도 계산법에 따라 1년 차이가 납니다.

② 자료 출처의 차이

성경 기자들은 여러 왕조실록, 구전, 관료 보고서 등을 종합해 기록했습니다. 원자료가 어떤 자료는 포괄 계산법, 어떤 자료는 배타적 계산법을 사용했기 때문에, 원자료의 계산 방식을 그대로 살리면 일관성이 약해집니다.

③ 신학적·문학적 목적

고대 역사 기록은 단순히 '연도 일치'보다 메시지와 사건을 연결하는 것을 우선시하였습니다. 예를 들어 사마리아 함락을 히스기야 6년·호세아 9년에 맞춘 것은, 두 왕국의 종말과 그 배경(우상숭배·배교)을 신학적으로 연결하려는 의도일 수 있습니다.

즉 "북왕국은 호세아 시대에 죄로 인해 심판받았고, 남유다는 히스기야 시대에 신실함으로 회복되었다"라는 신학적 대비를 강조하기 위한 편집 의도일 수 있다는 것이 일부 학자들의 견해입니다.

④ 시간 개념의 유연성

고대 근동 문화권에서는 기간 계산이 오늘날처럼 절대적이지 않았습니다. 따라서 초단위·년단위 정밀 계산이 아니라, 대략적 기간으로 볼 수 있습니다. 그래서 동일 기록 안에서도 '정확한 산술'과 '포괄적 계산'이 혼용되었을 수 있습니다.

성경의 날짜와 연대 기록은 현대적 수학 계산과 정확히 일치하지 않을 때가 있습니다. 그러나 이것은 단순한 오류가 아니라, 당시 유대인의 시간 개념과 기록 관습, 다양한 자료 출처, 그리고 신학적·문학적 의도 때문입니다.

성경 기자들은 상황에 따라 포괄적 계산과 배타적 계산을 혼용했으며, 이를 통해 단순한 연대보다 하나님의 메시지를 더 분명히 드러내고자 했습니다.

그러므로 성경의 수치와 기간을 해석할 때, 오늘날의 잣대로만 맞다·틀리다를 따지기보다, 당시의 사고방식과 하나님의 말씀을 전하려는 의도를 존중하며 이해해야 할 것입니다.

6.
마가복음과 요한복음의 시간 차이?

마가복음과 요한복음은 예수님이 부활하신 날짜를 안식일 다음 날로 동일하게 기록하고 있습니다[1]. 그리고 잡히시던 때도 십자가 사건 전날 저녁, 장소도 겟세마네 동산으로 동일하게 기록하고 있습니다.

그런데 유월절, 십자가 사건 등과 관련해서는 마가복음과 요한복음의 내용이 다르게 기록되어 있습니다.

마가복음은 예수님이 제자들과 함께 "유월절 음식"(막 14:16)을 드셨고, 그 자리에서 "떡과 잔"(막 14:22~23)을 나누신 장면을 전하며 '최후의 만찬'을 성만찬과 연결합니다.

반면 요한복음은 "유월절 전에"(요 13:1) 저녁을 드시던 중에 "제자들의 발을 씻어 주신 사건"(요 13:5)을 기록하며, "가룟 유다에게 떡 한 조각을 주신 것"(요 13:26) 외에는 별도의 만찬 기록은 나오지 않습니다.

십자가 사건의 시간 또한 차이가 있습니다. 마가복음은 예수님이 "(유월절 다음 날) 제삼시"(오전 9시경, 막 15:25)에 십자가에 못 박히셨다고 전

---

1) 안식 후 첫날… (막 16:2, 요 20:1)

하는 반면, 요한복음은 "유월절의 준비일 제육시"(정오 무렵, 요 19:14)에 빌라도가 예수님께 판결을 내린 것으로 기록합니다.

유월절에 대한 이해

이 차이를 살펴보기 전에 먼저 유월절[1]에 대해 좀 더 이해할 필요가 있습니다.

고대 유대인의 하루는 오늘날처럼 아침에 시작되는 것이 아니라, "저녁 곧 그 저녁부터 이튿날 저녁까지 안식을 지킬지니라"(레 23:32)라는 구약의 규정대로 해가 질 때부터 다음 날 해 질 때까지로 계산되었습니다.

히브리 달력의 첫 달은 하나님께서 "이 달을 너희에게 달의 시작 곧 해의 첫 달이 되게 하라"(출 12:2)고 하신 "아빕월"(출 13:4)이었고, 이후 바벨론 포로기를 거치며 바벨론식 이름인 '니산월[2]'로 불리게 되었습니다.

유월절은 니산월 15일에 지켜졌습니다. 구약 규례에 따르면 "이 달 열나흗날 해 질 때에 그 양을 잡고"(출 12:6), "그 밤에 그 고기를 불에 구워 무

---

1) 유월절(逾越節, Passovcr): 이스라엘 백성이 출애굽하기 직전, 하나님께서 애굽에 내리신 마지막 재앙(장자 재앙) 때, 어린양의 피를 문에 발라 보호받은 사건을 기념하는 절기로 이스라엘이 애굽의 노예 생활에서 해방된 사건을 함께 기념

2) 춘분 후 첫 음력 초하룻날에 시작(대략 3~4월경)

교병과 쓴 나물과 아울러 먹었습니다"(출 12:8). 즉, 해 지기 전 오후[1]에 어린양을 잡고, 그날 밤[2]에 그 고기를 먹은 것입니다. 따라서 양을 잡는 유월절 준비일과 고기를 먹는 유월절은 오늘날 시간 개념으로는 같은 날 오후와 저녁으로 볼 수 있습니다.

그리고 유월절은 곧바로 7일간의 무교절[3]로 이어졌습니다[4].

시간 차이가 나는 이유

학자들은 마가복음과 요한복음의 시간 차이에 대해 여러 설명을 제시합니다.

① 달력 계산 방식의 차이

일부는 지역과 전통에 따라 하루를 계산하는 방식이 달랐다고 봅니다.

유대의 공식 달력은 하루를 "저녁부터 다음 날 저녁까지"로 계산했지만, 쿰란 공동체(에세네파) 등은 태양력을 사용하여 하루를 아침부터 시작했

1) 유월절 준비일
2) 유월절이 시작된 때(히브리력으로는 이미 15일)
3) 무교절(無酵節, Feast of Unleavened Bread): 이스라엘 백성이 급히 출애굽하느라 발효되지 않은 떡을 먹은 사건을 기념하는 절기로, 유월절 다음 날부터 7일 동안 누룩 없는 떡을 먹으며 지킴
4) 출 12:17~18, 레 23:5~6, 민 28:16~17

다고 전해집니다.

이 관점에서 마가복음은 '아침부터 하루를 계산'하는 전통, 요한복음은 '저녁부터 계산하는 전통'을 따른 것으로 볼 수 있습니다. 그러나 예수님과 제자들이 실제로 쿰란식 달력을 사용했다는 확실한 증거는 없습니다.

② 시간 표현의 유연성

1세기 유대·로마 사회에서는 해 뜰 때부터 해 질 때까지를 12등분하여 시간을 계산했습니다.

따라서 제삼시(오전 8~9시경), 제육시(11~12시경)는 현대의 '정확한 시각'이라기보다는 대략적인 시간대로 이해할 수 있습니다. 이런 점에서 마가가 말한 "제삼시"와 요한이 말한 "제육시"가 실제로는 겹칠 수 있다는 해석도 있습니다.

즉, '제삼시'와 '제육시'는 정확히 '3시간 차이'가 아니라, 시간대 범위라고 보면, 마가복음의 못 박힘과 요한복음의 판결 시간대가 겹칠 가능성도 있다고 보는 것입니다.

③ 신학적 의도

공관복음[1]은 예수님의 최후 만찬을 유월절 식사로 설정합니다. 그 이유는

---

1) 마태복음·마가복음·누가복음

예수님의 죽음을 출애굽 사건과 연결하여, 예수님을 새 출애굽의 중심 인물로 보여 주려는 목적이 있습니다. 그리고 떡과 잔을 나누는 성찬을 통해 예수님의 죽음이 곧 구원의 언약임을 드러냅니다.

요한복음에서는 예수님이 유월절 어린양 그 자체임을 강조하며, 의도적으로 예수님의 십자가 죽음을 유월절 양이 잡히는 시각과 맞추려 합니다.

> 모세가… 어린 양을 택하여 유월절 양으로 잡고 (출 12:21)
>
> …보라 세상 죄를 지고 가는 하나님의 어린 양이로다 (요 1:29)

그래서 유월절 하루 전 식사를 단순한 일반 식사로 묘사하고, 예수님이 십자가에 달리신 시간을 유월절 준비일 정오 이후로 설정합니다. 이는 시간 기록의 '역사적 차이'라기보다, 신학적 재구성을 통해 예수님을 유월절 제물로 강조한 것입니다.

이렇듯 복음서 기자들은 서로 다른 수난 전승[1]과 해석에 따라 기록했기 때문에, 날짜·시간은 역사적 일치보다 신학적 메시지를 우선시했을 수 있습니다. 즉, 두 복음서는 서로 다른 시간표를 통해 예수 그리스도의 죽음의 의미를 서로 다르게 조명하고 있다는 것입니다.

---

1) 당시 교회 공동체 안에서 구전으로 전해지던 예수님 수난 이야기

④ 다른 의견들

당시 쿰란 공동체 등 일부 공동체에서는 달력 계산 차이가 실제로 존재하였으므로 예수님과 제자들이 '비공식적'으로 하루 앞서 유월절 식사를 하였고, 요한복음의 "유월절 준비일"은 예루살렘 공식 절기를 기준으로 했다는 것입니다.

이렇게 마가는 제자들과의 만찬을 유월절 식사로 기록하였고, 요한은 공식 절기 날짜에 맞춰 예수님을 유월절 양의 죽음과 연결했다는 것으로, 모두 각자의 달력과 신학적 관점에서 '진실'을 기록했다는 것입니다.

또 다른 의견으로는 서로 다른 독자층을 위해 시간을 감안했다는 것입니다. 마가복음은 전통적으로 로마 제국 내 이방인 독자를 상정하고 있고, 요한복음은 광범위한 독자를 염두에 두었지만, 유대 절기·전통에 대한 설명이 많아 유대인 독자도 포함하고 있다는 것입니다.

하지만 마가가 로마의 이방인들을 위해 로마 시간을 사용했다면 새벽에 예수님이 못 박히셨어야 되어 논리적으로는 적합하지 않습니다.

마가복음과 요한복음의 시각 기록에는 분명히 차이가 있습니다. 당시 시간 계산법이 지역·문화권마다 달랐고, 시각 개념 자체가 현대보다 느슨했다는 것이 이유가 될 수 있습니다. 그리고, 복음서 기자들이 시각보다 사건의 의미를 더 강조한 것 역시 차이 발생의 원인이 되었습니다.

하지만 분명한 것은 복음서 모두가 '예수께서 빌라도에게 재판을 받아 십자가에 달리셨다는 사실은 일치합니다.

복음서의 시간 차이는 역사적 불일치가 아니라, 사건의 의미를 각기 다른 각도에서 비춘 증언입니다. 이 차이를 통해 성경이 모순되는 것이 아니라, 오히려 예수님의 십자가 사건을 더 깊이 이해하도록 초대받습니다.

복음서 기자들이 전하는 시각은 다르지만, 증언하는 주님은 한 분 예수 그리스도입니다. 그리고 그분의 십자가는 우리를 위한 구원의 복음으로 동일하게 빛납니다.

우리의 신앙도 표현은 다를 수 있지만, 결국 같은 예수 그리스도의 구원 은혜를 고백하고 있음을 기억해야 합니다.

5부

내용 차이

1.
공관복음과 다른 요한복음의 구성

공관복음과 요한복음은 사건 및 시간 구성 등에서 차이를 보이고 있습니다.

공관복음과 요한복음의 차이

① 세례 이후 광야에서의 40일간의 기록

공관복음에는 세례 요한의 세례 이후 광야에서의 40일과 마귀의 시험에 대한 기록이 있습니다.

> 예수께서 세례를 받으시고… (마 3:16)
> 그 때에 예수께서 성령에게 이끌리어 마귀에게 시험을 받으러 광야로 가사 (마 4:1)[1]

하지만 요한복음에는 광야 40일과 관련된 기록이 없습니다. 대신 세례 다음 날 세례 요한이 예수님을 "하나님의 어린 양"(요 1:29)으로 선포하고, 예수님은 제자들을 부르기 시작합니다(요 1:37~42).

---

1) 막 1:12~13, 눅 4:1~13

② 첫 사역지

요한복음은 초기부터 예루살렘과 유다 지방을 방문하시는 것으로 기록되어 있는(요 2:13, 3:22) 반면, 공관복음은 갈릴리와 가버나움 중심으로 사역을 시작하신 것으로 기록되어 있습니다.

> 이 때부터 예수께서 비로소 전파하여… 갈릴리 해변을 다니시다가… (마 4:17~18)[1]

③ 유월절에 대한 시점

공관복음에는 십자가 사건 직전의 유월절 기록만[2] 존재하고 있지만, 요한복음에는 모두 세 차례의 유월절 기록이 존재하고 있습니다.

> 유대인의 유월절이 가까운지라 예수께서 예루살렘으로 올라가셨더니 (요 2:13)
>
> 마침 유대인의 명절인 유월절이 가까운지라 (요 6:4)
>
> 유대인의 유월절이 가까우매… (요 11:55)
>
> 유월절 엿새 전에 예수께서 베다니에 이르시니… (요 12:1)[3]

④ 예루살렘에서의 마지막 일주일(십자가 직전) 기록 비중

공관복음의 경우 예수님의 마지막 일주일을 기록한 분량이, 마태복음은

---

1) 막 1:14~15, 눅 4:14~15

2) 마 26:17~19, 막 14:12~16, 눅 22:7~15

3) 요 11:55, 12:1은 십자가 수난이 있던 해의 같은 유월절

전체 28장 중 21장부터, 마가복음은 16장 중 11장부터, 누가복음은 24장 중 19:28절부터 전체 기록의 약 30% 정도인 반면, 요한복음은 21장 중 12장부터 기록하고 있어 절반 가까이를 마지막 주간에 할애하고 있습니다.

특히 요한복음 13~17장은 '마지막 식사 자리'에서의 '세족식'과 예수님의 '고별 설교[1]'(farewell discourse)를 공관복음보다 훨씬 자세하게 기록하고 있습니다.

⑤ 예수님의 기적에 대한 접근 방식

공관복음은 베드로의 장모 치유(마 8:14~15), 중풍병자 치유(마 9:1~8), 거라사 귀신 들린 자 사건(막 5:1~20, 눅 8:26~39) 등과 같이 병 고침, 귀신을 쫓아내는 기적들이 주를 이루고 있습니다.[2]

한편 요한복음은 '표징'(semeion, sign)이라는 개념을 강조합니다. 표징은 예수님이 구원자이시며 메시아이시고, 하나님의 아들이자 생명의 주이심을 드러내며, 동시에 하나님 나라의 도래를 계시하는 사건을 의미합니다.

요한복음의 대표적인 7가지 표징은 다음과 같습니다.

---

1) 예수님께서 십자가를 지시기 전날 밤, 예루살렘 다락방에서 제자들에게 하신 마지막 설교

2) 공관복음들에도 풍랑을 잔잔하게 하심(마 8:26, 막 4:39, 눅 8:24), 오병이어의 기적(마 14:17~21, 막 6:38~44, 눅 9:13~17), 칠병이어의 기적(마 15:34~38, 막 8:5~9), 야이로의 딸을 살리신 기적(마 9:18~26, 막 5:22~43, 눅 8:41~56), 나인 성 과부의 아들을 살리신 기적(눅 7:11~16) 등이 기록되어 있으나 주로 병 고침과 귀신을 쫓아내시는 것 위주로 기록

(1) 가나 혼인잔치, 물이 포도주로 (요 2:1~11)

(2) 왕의 신하의 아들 치유 (요 4:46~54)

(3) 베데스다 못 병자 치유 (요 5:1~9)

(4) 오병이어 (요 6:1~14)

(5) 물 위 걸으심 (요 6:16~21)

(6) 소경 치유 (요 9:1~7)

(7) 나사로 부활 (요 11:1~44)

이 중 (1) 가나 혼인잔치, (2) 왕의 신하 아들, (3) 베데스다 못 병자, (7) 나사로 부활 등은 요한복음에만 기록이 되어 있고, (4) 오병이어, (5) 물 위 걸으심 등은 공관복음에도 기록되어 있습니다. 그리고 (6) 소경 치유도 공관복음에 기록은 되어 있지만, 요한복음에만 '날 때부터 소경'이었다는 말이 추가로 기록되어 있어 요한복음의 독자성이 강조되고 있습니다.

이렇게 공관복음과 요한복음의 사건의 배열·시간 구성이 서로 다르게 기록되어 있다 보니, 어떤 사람들은 성경이 서로 맞지 않는다고 생각하기도 하고, 성경의 신빙성에 대해 의구심을 제기하기도 합니다. 더 나아가 요한복음을 역사적 자료보다는 신학적·상징적 저술로 간주하는 경우도 있습니다.

차이 발생 원인

① 신학적 목적을 위한 요한의 의도적 재구성

공관복음은 광야 40일을 '시험을 통한 준비 기간'으로, 마귀의 시험을 '메시아의 정체성과 사명 검증', '하나님 나라와 악의 세력의 대결', '예수님의 순종과 말씀 의존' 등을 강조하기 위해 이 부분을 기록하고 있습니다.

반면에 요한복음은 예수님이 하나님으로부터 파견된 자(apestalmenos)이며, 세례 직후에 그 정체가 공개된 것으로 보고 광야 40일과 마귀의 시험을 기록하고 있지 않습니다. 세례 요한이 "세상 죄를 지고 가는 하나님의 어린 양이로다"(요 1:29)라고 증언을 하였고, 제자들 역시 예수님을 따르며 "메시아로 고백"(요 1:41, 1:49)하고 있기 때문입니다.

이는 요한복음에 나타나는 독특한 파송(파견)신학(mission theology)과도 연결됩니다. 구약에서는 하나님께서 선지자들을 세상에 보내셨고, 신약에서는 성부께서 성자 예수 그리스도를 세상에 보내셨습니다. 또한 부활하신 예수께서는 성령을 제자들에게 보내 주셨으며, 동시에 제자들 역시 세상으로 파송하심으로써 이러한 보냄의 구조가 계속 이어지고 있습니다.

따라서 요한복음이 광야 시험을 기록하지 않은 것은 단순한 누락이 아니라 메시아의 정체성과 사역의 본질을 즉시 드러내기 위한 신학적인 선택이고, 이를 통해 요한복음의 독자는 '예수는 처음부터 완전한 메시아'라는 인식을 가지고 복음 전체를 읽게 됩니다.

일반적으로 성서학자들은 요한복음을 십자가로 향하는 길을 중심축으로 이해하며, 1장에서 12장은 예수님의 사역과 기적(표징)을 통해 그분의 정체가 드러나는 부분으로, 13~21장은 십자가와 부활을 통해 하나님의 영광이 나타나는 부분으로 나누고 있습니다.

그리고 요한은 십자가 사건을 실패나 비극이 아니라, 하나님의 영광과 구원이 절정에 이르는 순간으로 그립니다. 따라서 마지막 주간에 길고 세밀한 대화, 설교, 기도(요한 13~17장) 등을 배치하여, 예수님의 정체성과 사명, 제자들에게 남긴 가르침을 극대화합니다.

② 기록 방식에 따른 차이

공관복음은 사건과 주제 중심으로 배열되어 있습니다. 갈릴리 지역에서는 기적과 가르침 등 사역에 집중되어 있고, 예루살렘에서는 마지막 주간에 집중되어 있습니다. 그 과정에서 시간 순서가 일부 생략되거나 압축되었거나 재배열되었을 가능성이 있습니다.

요한복음에서는 사건을 절기(특히 유월절)와 장소 이동을 따라 비교적 연대기 흐름에 맞게 기록한 것으로 보입니다.

첫 번째 유월절에는 "성전 정화"(요 2:13), 두 번째 유월절에는 "오병이어"(요 6:4), 세 번째 유월절은 "수난 주간"(요 11:55, 12:1)을 기록하고 있다는 것이 그 예가 될 수 있을 것입니다. 그 결과 사역 기간과 지역 이동이 드러나며, 공생애가 3년 이상이라는 추측을 할 수 있습니다.

유월절 횟수, 사역 지역 등의 차이는 여기서 비롯된 것이며, 결국 공관복음과 요한복음은 서로 다른 관점에서 동일한 예수님을 증언하고 있는 것입니다.

③ 요한복음이 공관복음을 보완했다는 관점

일부 복음주의적 학자들은 요한복음과 공관복음은 서로 다른 전승과 증언을 보존했을 뿐으로, 차이가 곧 모순은 아니라고 주장하기도 합니다.

요한복음은 이미 공관복음이 널리 알려진 후 기록되었으므로, 포도주와 나사로 등과 같이 공관에 없는 사건을 보충하려 했다는 것입니다.

따라서 차이는 오히려 다양한 증언이 복음을 더 풍성하게 한다는 증거로 해석합니다. 요한복음의 기적 사건은 실제로 일어난 일이면서 동시에 신학적 의미가 강조된 것이라고 보고 있습니다.

결론적으로 요한복음과 공관복음의 차이는 사건의 배열이나 시간 구성이 다르기 때문에 차이가 있는 것처럼 보일 수 있습니다. 그러나 더 깊이 보면, 요한복음과 공관복음은 서로 모순되거나 배타적 관계가 아니라, 보완적 관계로 보는 것이 균형 잡힌 이해입니다.

공관복음이 예수의 삶과 사역을 '외적 사건' 속에 보여 준다면, 요한복음은 그 사건들의 '내적 의미'를 깊이 파고드는 기록이라고 할 수 있습니다.

2.
마태복음과 누가복음의 족보가 다른 이유

마태복음 1장과 누가복음 3장에는 예수님의 족보가 서로 다르게 기재되어 있습니다.

마태복음은 아브라함으로 시작하여 다윗, 솔로몬, 예수님으로 이어지는 모두 41대의 족보를 기록하고 있고, 누가복음은 예수님을 시작으로 하나님까지 거슬러 올라가며, 모두 77대의 족보를 기록하고 있습니다.

마태복음과 누가복음은 아브라함과 다윗까지는 같은 족보를 기록하고 있지만, 다윗의 아들인 솔로몬과 나단을 기점으로 서로 다른 기록을 보여주고 있습니다.

그리고 마리아의 남편 요셉의 아버지[1] 이름도 마태복음에는 '야곱'(마 1:15~16)으로 누가복음에는 '헬리'(눅 3:23)로 각각 다르게 기록되어 있습니다.

그렇다 보니 마태복음과 누가복음의 족보 차이는 성서학에서도 오래된 논쟁거리이고, 많은 성서학자들은 "두 족보가 문자적으로 동일한 역사 기

---

1) 족보상 예수님의 할아버지

록은 아니다"라는 점에는 대체로 동의합니다. 다만 해석과 접근 방법에서는 차이가 있습니다.

마태복음의 족보

마태복음 1:1절은 "아브라함과 다윗의 자손 예수 그리스도의 계보라"로 시작됩니다. 이는 유대인 메시아 정체성을 선언하는 것으로 유대 민족의 시조인 아브라함, 왕통을 따라 다윗과 솔로몬으로 이어진다는 것을 강조하고 있습니다.

마태는 의도적으로 아브라함부터 다윗까지, 다윗부터 바벨론 포로(요시야)까지, 바벨론 포로(여고냐)에서 예수님까지 각각 14대, 총 41대를 배열하였습니다(마 1:17).

그 과정에서 다윗을 중복[1] 산정하기도 하고, 요람(여호람)[2]과 웃시야 사이에서 아하시야, 요아스, 아마샤 등 3명을, 요시야와 여고냐 사이에서는 여호야김을 생략[3]하기도 하면서, 14·14·14라는 배열을 만들었습니다.

---

1) 모두 41대의 기록을 아브라함부터 다윗까지 14대, 다윗부터 요시아까지 14대, 여고냐부터 예수님까지 14대 등으로 기술. 다윗이 중복 (마 1:17)

2) 요람=여호람=Yehoram(Yoram), 같은 이름의 두 가지 표기

3) 아하시야: 대하 22:1, 요아스: 대하 22:11, 아마샤: 대하 25:25, 여호야김: 대상 3:15~16

이처럼 마태가 14라는 수를 강조한 이유는, 7이 하나님의 창조와 안식을 상징하는 완전수이므로 14가 완전함의 두 배, 즉 충만함을 강조하고 있기 때문입니다. 그리고 히브리어로 “다윗”(דוד, DWD)의 철자들이 ‘ד’는 숫자 4를 ‘ו’는 숫자 6을 의미하고 있어, 다윗의 철자가 ‘4+6+4’로 숫자 14를 암시한다는 것을 그 이유로 들고 있습니다.

따라서 14·14·14는 곧 “예수는 다윗의 자손, 참된 메시아”라는 것으로 마태가 단순히 역사적 족보를 기록했다기보다, 신학적 메시지와 상징성을 담아낸 것으로 볼 수 있습니다.

그리고 족보는 길고 복잡합니다. 마태는 14대씩 끊어 배열함으로써 암송과 기억에 용이하도록 했다는 의견도 있습니다. 유대인들에게 족보는 신학적·교육적 목적이 컸기 때문에 ‘외우기 쉬운 구조’가 중요했기 때문이라는 것입니다.

다른 한편으로는 아브라함(언약의 시작) → 다윗(왕국의 절정) → 바벨론 포로(심판과 몰락) → 예수(구속과 회복) 등으로 이스라엘 역사를 시대별로 나누어 보여 주려는 문학적 장치로도 이해할 수 있습니다.

특이하게도 마태복음의 족보에는 다말, 라합, 룻, 우리야의 아내(밧수아) 등과 같은 여성들도 포함되어 있습니다. 이에 대해 일부 신학자들은 이방인·비정통·불명예 출신도 하나님의 구속 역사에 쓰인다는 신학적 메시지로 해석하기도 합니다.

누가복음의 족보

누가복음 3:23절에는 "예수께서 가르치심을 시작하실 때에"라고 언급 후에 예수님의 족보를 거슬러 올라가서 하나님까지 연결하고 있습니다(눅 3:38). 이는 유대민족뿐만 아니라 모든 인류와 하나님과의 관계를 드러내는 구조로 볼 수 있습니다.

마태복음의 족보와 누가복음의 족보가 달라지기 시작한 나단은 솔로몬과 동복형제로 우리야의 아내였던 밧수아의 아들입니다(대상 3:5). 따라서 왕권과는 무관하지만 다윗의 혈통인 나단이 이스라엘 왕권을 상징하는 솔로몬보다 더 보편적 구속사 메시지에 부합된다고 볼 수 있습니다.

이렇게 누가복음에서는 예수님은 정치적 왕위 계승자가 아니라, 하나님이 보내신 모든 인류의 구원자라는 신학적 메시지를 더 부각하는 것이라는 견해도 있습니다.

한편 누가복음의 족보는 예수님의 어머니 마리아의 족보라는 주장도 있습니다. 하지만 마리아의 남편 요셉의 할아버지 이름이 '맛닷'(마 1:15, 눅 3:24)으로 동일한 것을 볼 때 타당성이 떨어지는 것으로 보입니다.

서로 다른 요셉의 아버지 이름

요셉의 아버지에 대한 설명은 학자들 사이에서도 다양한 의견이 존재합니다.

① 형사취수제(레위라트 결혼, 신 25:5~6)

야곱(마 1:16)과 헬리(눅 3:23)는 형제였는데, 헬리가 후사 없이 죽자, 야곱이 형수와 결혼하여 요셉을 낳았다는 의견입니다. 즉 요셉은 헬리의 법적 아들이면서 야곱의 생물학적 아들이라는 주장입니다.

② 아버지 같은 장인(丈人)

다른 주장으로는 헬리를 마리아의 아버지로 보고, '사위' 요셉을 아들처럼 기록했다는 해석도 있습니다만, 앞에서 언급된 것처럼 두 족보에 기록된 요셉의 할아버지 이름이 서로 같아 설득력이 약하다고 보는 학자들이 많습니다.

서로 다른 관점, 같은 결론

과거의 족보는 오늘날의 호적처럼 빠짐없는 정확한 가족 기록이라기보다[1],

---

1) 세계 여러 지역에서 족보 전통은 오래전부터 존재했으나, 오늘날과 같은 체계적 기록은 15~16세기 이후에야 정착

주로 선조와 혈통의 계보를 보여 주는 방식으로 작성되었습니다. 더구나 오랜 세월 구전 전통을 통해 전해 내려오면서 이름의 누락이나 배열의 변형도 생길 수 있었습니다.

그렇기에 두 족보의 차이는 오류가 아니라, 각 복음서가 전하려는 기록 목적의 차이로 이해해야 합니다. 따라서 마태와 누가의 족보는 서로 다른 목적과 시각에서 기록된 보완적 증언입니다.

마태복음은 유대인 독자들에게 예수님이 다윗 왕조의 합법적 메시아임을 강조하기 위해 솔로몬 계열을 따라 내려오며, 법적·왕적 계보를 강조했습니다.

누가복음은 이방인 독자들에게 예수님이 아담과 연결된 온 인류의 구세주임을 보여 주기 위해 다윗의 다른 아들인 나단 계열을 따라 올라가며, 혈통 중심의 계보를 강조했습니다.

결국 마태는 유대인을 향한 왕적 메시아의 족보, 누가는 모든 인류를 향한 구세주의 족보를 기록한 것입니다. 두 복음서는 함께 "예수는 유대인의 메시아이자, 모든 인류의 구세주"라는 복음을 선포하고 있습니다.

또한 마태가 여성과 이방인을 족보에 포함시킨 것은, 하나님의 구속 역사에 어떠한 경계도 없음을 보여 줍니다.

오늘 우리도 예수 그리스도 안에서 이 구원의 역사에 참여하고 있음을 확신할 수 있습니다.

[마태복음 1장의 예수님 족보]

(1) 아브라함 → (2) 이삭 → (3) 야곱 → (4) 유다(다말) → (5) 베레스 → (6) 헤스론 → (7) 람 → (8) 아미나답 → (9) 나손 → (10) 살몬(라합) → (11) 보아스(룻) → (12) 오벳 → (13) 이새 → (14) 다윗(우리야의 아내, 밧수아) → (15) 솔로몬 → (16) 르호보암 → (17) 아비야 → (18) 아사 → (19) 여호사밧 → (20) 요람 → (21) 웃시야 → (22) 요담 → (23) 아하스 → (24) 히스기야 → (25) 므낫세 → (26) 아몬 → (27) 요시야 → (28) 여고냐 → (29) 스알디엘 → (30) 스룹바벨 → (31) 아비훗 → (32) 엘리아김 → (33) 아소르 → (34) 사독 → (35) 아킴 → (36) 엘리웃 → (37) 엘르아살 → (38) 맛단 → (39) 야곱 → (40) 요셉 → (41) 예수 그리스도

[누가복음 3장의 족보]

(1) 하나님 → (2) 아담 → (3) 셋 → (4) 에노스 → (5) 가이난 → (6) 마할랄렐 → (7) 야렛 → (8) 에녹 → (9) 므두셀라 → (10) 레멕 → (11) 노아 → (12) 셈 → (13) 아박삿 → (14) 가이난 → (15) 살라 → (16) 헤버 → (17) 벨렉 → (18) 르우 → (19) 스룩 → (20) 나홀 → (21) 데라 → (22) 아브라함 → (23) 이삭 → (24) 야곱 → (25) 유다 → (26) 베레스 → (27) 헤스론 → (28) 아니 → (29) 아미나답 → (30) 나손 → (31) 살몬 → (32) 보아스 → (33) 오벳 → (34) 이새 → (35) 다윗 →

(36) 나단 → (37) 맛다다 → (38) 멘나 → (39) 멜레아 → (40) 엘리아김 → (41) 요남 → (42) 요셉 → (43) 유다 → (44) 시므온 → (45) 레위 → (46) 맛닷 → (47) 요림 → (48) 엘리에서 → (49) 예수 → (50) 에르 → (51) 엘마담 → (52) 고삼 → (53) 앗디 → (54) 멜기 → (55) 네리 → (56) 스알디엘 → (57) 스룹바벨 → (58) 레사 → (59) 요아난 → (60) 요다 → (61) 요섹 → (62) 서머인 → (63) 맛다디아 → (64) 마앗 → (65) 낙개 → (66) 에슬리 → (67) 나훔 → (68) 아모스 → (69) 맛다디아 → (70) 요셉 → (71) 얀나 → (72) 멜기 → (73) 레위 → (74) 맛닷 → (75) 헬리 → (76) 요셉 → (77) 예수 그리스도

3.
복음서마다 기록이 다른 이유

마태, 마가, 누가, 요한복음에는 동일한 사건들이 다르게 기록된 경우들이 여러 군데에서 발견됩니다.

이런 다른 기록들이 성경을 읽을 때 혼란과 부담으로 작용하기도 합니다.

대표적인 다른 기록들

① 향유 사건의 기록

예수님께 향유를 부은 사건은 네 복음서에 모두 기록되어 있습니다.

마태와 마가는 베다니의 시몬의 집에서 한 여인이 예수님의 머리에 향유를 부었다고 기록합니다(마 26:6~13, 막 14:3~9). 누가는 바리새인의 집에서 죄 많은 여인이 예수님의 발에 향유를 붓고 눈물로 씻었다고 전합니다(눅 7:36~50). 요한은 나사로의 누이 마리아가 예수님의 발에 향유를 부었다고 기록합니다(요 12:1~8).

② 예수님의 재판 과정

예수님께서 잡히신 후 재판받으시는 과정도 복음서마다 조금씩 다릅니다.

마태와 마가는 산헤드린[1] 공회에서 불법적[2]으로 심문을 받고, 이어서 빌라도에게 넘겨져 십자가형을 선고받습니다(마 26~27장, 막 14~15장).

누가는 여기에 헤롯 재판이 추가됩니다. 그리고 빌라도가 무죄를 선언하고도 유대인들의 압력에 밀려 십자가형을 내리는 장면도 강조됩니다(눅 22~23장).

요한은 산헤드린 대신 안나스와 가야바의 사적 심문을 기록하며, 빌라도와의 대화 속에서 예수님께서 "내 나라는 여기에 속한 것이 아니니다"(요 18:36)라고 말씀하시는 장면을 부각합니다.

③ 십자가 위의 명패와 마지막 말씀

예수님의 십자가 위에는 "유대인의 왕"이라는 명패가 붙었습니다. 그런데 표현은 조금씩 다릅니다.

- 마태: "이는 유대인의 왕 예수"(마 27:37)
- 마가: "유대인의 왕"(막15:26)
- 누가: "이는 유대인의 왕"(눅 23:38)
- 요한: "나사렛 예수 유대인의 왕"(요 19:19)

---

1) 종교·사법·입법을 총괄한 유대 최고 의결기관. 대제사장이 의장 역할, 바리새인 · 사두개인 · 서기관 · 장로 등 70여 명으로 구성

2) 안식일 예비일(금요일) 소집, 한밤중 진행, 사형임에도 재심이 없었던 점, 요한복음의 안나스 심문은 사실상 비공식적 · 사적 제재 성격. 당시 공회법 위반 소지

마지막 말씀도 서로 다르게 기록되어 있습니다.
마태·마가는 "나의 하나님, 어찌하여 나를 버리셨나이까?"(마 27:46, 막 15:34)라고 하시던 절규를 전합니다. 누가는 "아버지 내 영혼을 아버지 손에 부탁하나이다"(눅 23:46)라는 기도를, 요한은 "다 이루었다"(요 19:30)라는 구원의 완성을 선포합니다.

④ 부활 사건

부활하신 예수님을 제자들과 여인들이 만나는 장면도 조금씩 다릅니다.

마태는 갈릴리에서 제자들이 예수님을 만나는 장면을 강조합니다(마 28:16~17). 마가는 짧은 결말[1]에서는 여인들의 두려움으로 끝나고(막 16:8), 후대 사본의 긴 결말[2]에서는 예수님의 여러 차례 나타나심(막 16:9, 12, 14)과 승천(막 16:19)까지 담고 있습니다.

누가는 모든 사건을 예루살렘 중심에서 기록하며, 특히 예수님이 실제로 음식을 드시는 모습(눅 24:41, 43)을 통해 육체적 부활을 강조합니다.

요한은 마리아, 도마, 베드로와 같은 개인적인 만남과, 디베랴 호수에서

---

1) 짧은 결말: 대부분의 고대 사본(특히 가장 오래되고 신뢰받는 사본인 시내 사본과 바티칸 사본)에서는 막 16:8에서 마가복음이 마무리됨
2) 마가복음의 후대 사본에서는 막 16:8절에 이어 막 16:9~20이 이어져 승천 사건까지가 포함됨. 많은 성경 번역본(예: 개역개정, NIV, ESV 등)에서는 [대괄호] 처리하거나 주석을 달아 "어떤 사본에는, 9~20절까지 없음"이라고 밝히고 있음

베드로에게 사명을 새롭게 맡기시는 장면(요 21:15~17)을 통해 제자 공동체의 회복을 보여 줍니다.

복음서의 기록이 서로 다른 이유

4대 복음서 기록이 다른 이유는 크게 다섯 가지로 볼 수 있습니다.

① 저자의 신학적 목적 차이

마태는 유대인을 향해 '예수님은 구약에서 예언된 메시아'라는 것을 보여 주려 했습니다. 그러다 보니 다른 복음서보다 구약 인용이 압도적으로 많습니다.

마가는 고난받는 종이자 능력 있는 그리스도를 '사건 중심'으로 묘사하며 간결하게 복음을 기록하였습니다.

누가는 의사이자 역사가로서, 사회적 약자·여성·이방인에게 열린 구원을 강조합니다.

요한은 이미 복음이 전파된 공동체에, 예수님의 신성과 믿음을 통한 생명을 깊이 있게 증언하였습니다.

결국 똑같은 사건을 기록하더라도, 복음서별로 전달하고자 하는 신학적 메시지가 달라서 묘사와 강조점이 다른 것입니다.

② 목격자와 전승의 차이

어떤 사건은 직접 본 제자의 증언, 어떤 사건은 전승되어 이어져 왔습니다. 같은 사건이라도 누구의 시선을 통해 들려왔는지에 따라 묘사가 달라집니다.

예를 들어 향유 사건의 경우 어떤 이는 "머리에 부었다"고, 다른 이는 "발에 부었다"고 기록되어 있습니다. 이는 목격 각도와 기억의 차이라고도 볼 수 있습니다.

이 차이는 오히려 실제 다양한 목격자가 있었다는 것을 반영하는 것이며, 인위적으로 맞추지 않았음을 보여 줍니다.

③ 사본학적·편집적 차이

복음서는 처음부터 '책'으로 기록된 것이 아니라, 구두 전승과 단편 기록이 모여 편집된 결과입니다.

마가복음의 결말(막 16장)은 사본에 따라 짧은 결말(16:1~8)만 전하는 경우도 있고, 이후 구절들(16:9~20)을 함께 전하는 경우도 있습니다. 요한복음 7:53~8:11절의 '간음한 여인' 이야기는 가장 오래된 사본에는 나타나지 않지만, 여러 사본과 전승에는 포함되어 전해집니다.

이러한 본문 차이는 초기 교회 안에서 복음서가 다양한 형태로 전승되었음을 보여 주는 사례이며, 오늘날 교회는 이 구절들을 신앙적 메시지를 담은 중요한 본문으로 읽어 왔습니다.

④ 독자층과 상황의 차이

성경 기자들의 타깃 독자층이 다르다는 것도 영향이 있었을 것입니다.

마태는 유대 독자에게 구약 성취를, 마가는 로마의 이방인에게 복음의 전파를, 누가는 로마-헬라 문화권 독자에게 사회적 보편성을, 요한은 후기 공동체에 믿음을 통한 생명을 강조하고 있습니다.

⑤ 문학적·신학적 장치

복음서는 단순한 '보도 기사'가 아니라, 저자의 메시지를 전달하기 위한 문학적·신학적 작품입니다.

부활 후 사건을 마가는 제자들의 실패와 두려움을 강조하면서 복음 전파의 과제를 독자에게 남겼고, 요한은 마리아, 도마, 베드로와의 개인적 만남을 기록하며 신앙 고백의 깊이를 부각시켰습니다. 그리고 누가는 예루살렘 중심으로 기록하면서, 예루살렘이 복음의 출발지임을 의도적으로 강조했습니다.

따라서 다른 기록은 단순한 '차이'가 아니라, 저자가 택한 문학적 구성 전략이기도 합니다.

서로 다른 네 사건이 주는 시사점

향유 사건에서는 장소, 인물, 부은 부위 등이 다르지만, 공통된 메시지는 예수님을 향한 헌신과 사랑이 드러나고 그것이 곧 십자가 죽음을 앞둔 예수님의 장례 준비라는 의미를 담고 있습니다.

예수님의 재판 과정에서는, 마태·마가는 불법적인 고난을, 누가는 예수님의 무죄를, 요한은 세상의 권력과 하나님의 진리를 대조하며 강조합니다.

십자가에서의 명패와 마지막 말씀은 다른 표현 같지만, 모두 예수님의 고난, 신뢰, 승리라는 한 가지 큰 메시지를 보여 줍니다.

부활 사건의 서로 다른 기록은 각기 다른 장소와 인물을 강조하지만, 공통된 메시지는 예수님의 부활이 실제 사건이며, 두려움과 실패 속에 있던 제자 공동체를 회복시키고 다시금 복음 사명으로 부르신다는 것입니다.

복음서의 차이가 주는 의미

복음서의 차이는 단순한 혼란이나 모순이 아닙니다. 오히려 세 가지 차원에서 우리에게 중요한 의미를 줍니다.

① 역사적 신뢰성의 차원

만약 네 복음서가 똑같은 단어와 표현으로 기록되었다면, 오히려 인위적 조작을 의심받았을 것입니다. 그러나 차이가 존재한다는 사실은 실제 목격과 전승의 흔적임을 보여 주며, 복음서가 살아 있는 역사 자료임을 입증합니다.

② 신학적 다양성의 차원

앞에서 언급된 것처럼 마태는 메시아로서의 예수, 마가는 고난받는 종, 누가는 보편적 구원, 요한은 하나님의 아들을 강조했습니다.

서로 다른 기록은 각 저자의 신학적 색채를 반영하지만, 본질적 메시지—예수 그리스도를 통한 구원—에서는 일치합니다.

③ 오늘날 적용의 차원

네 복음서를 함께 읽을 때 우리는 복음을 더 입체적으로 이해할 수 있습니다. 교회의 전통과 목소리가 다양하지만, 모두가 그리스도를 증언할 때 하나가 되듯, 성경의 다양성은 오늘날 신앙 공동체가 '다름 속에서의 연합'을 배우게 합니다.

그러므로 서로 다른 기록 속에서 도리어 하나님이 보여 주신 풍성함을 발견하고, 그 다양성을 존중하며, 그 안에서 하나님의 뜻을 따라 살아가라는 부르심을 받는 것입니다.

결국 복음서의 차이는 모순이 아니라 하나님의 지혜입니다. 네 복음서는 서로 다른 언어로 한 분 예수를 증언하며, 우리로 하여금 말씀을 더 깊이, 더 넓게 이해하도록 초대합니다. 다른 기록 속에서 충돌이 아니라 풍성함을 발견할 때, 우리는 하나님이 주신 다양성의 아름다움을 배우게 됩니다.

4.
신약성경에서 구약성경 인용 문제

4대 복음서와 사도행전 등에 인용된 구약성경의 구절들이 차이가 나는 것처럼 보이거나, 여러 구절들이 혼합하여 사용된 것으로 보이는 부분들이 있습니다.

차이가 보이는 구약성경

신약성경에 인용된 구약성경 중 차이가 나는 것처럼 보이는 유형은 대체로 세 가지 정도입니다.

① 본문 전승의 차이

마가복음 7:6~7절은 이사야 29:13절을 인용하였는데, 마가복음은 "입술로는 공경하나 마음이 멀어 헛되이 경배"하고 있다는 의미로 '예배의 본질'에 대한 것으로 기록되어 있습니다.

하지만, 이사야에서는 "입으로는 공경하나 마음이 떠난 것은 사람의 가르침을 받은 것"이라며 '신앙 태도의 왜곡'을 강조하고 있습니다. 따라서 두 본문은 비슷하지만 다른 뉘앙스로 받아들여질 수 있습니다.

이르시되 이사야가 너희 외식하는 자에 대하여 잘 예언하였도다 기록하였으되 이 백성이 입술로는 나를 공경하되 마음은 내게서 멀도다, 사람의 계명으로 교훈을 삼아 가르치니 나를 헛되이 경배하는도다 하였느니라 (막 7:6~7)

주께서 이르시되 이 백성이 입으로는 나를 가까이 하며 입술로는 나를 공경하나 그들의 마음은 내게서 멀리 떠났으니 그들이 나를 경외함은 사람의 계명으로 가르침을 받았을 뿐이라 (사 29:13)

② 저자 명칭 문제

스가랴서의 기록을 예레미아의 말씀이라며 인용한 경우입니다.

…토기장이의 밭을 사서… 피밭이라 일컫느니라, 이에 선지자 예레미아를 통하여 하신 말씀이 이루어졌나니… (마 27:7~9)

여호와께서… 그 삯을 토기장이에게 던지라 하시기로 내가 곧 그 은 삼십 개를 여호와의 전에서 토기장이에게 던지고 (슥 11:13)

③ 혼합 인용

마가복음 1:2~3절에서는 이사야의 글이라고 언급하고 있으나, 실제로는 말라기 3:1절과 이사야 40:3절을 혼합하여 인용한 것으로 볼 수 있습니다.

선지자 이사야의 글에 보라 내가 내 사자를 네 앞에 보내노니 그가 네 길을 준비하리라, 광야에 외치는 자의 소리가 있어 이르되 너희는 주의 길을 준비하라 그의 오실 길을 곧게 하라 기록된 것과 같이 (막 1:2~3)

…내가 내 사자를 보내리니 그가 내 앞에서 길을 준비할 것이요… (말 3:1)

외치는 자의 소리여 이르되 너희는 광야에서 여호와의 길을 예비하라 사막에서 우리 하나님의 대로를 평탄하게 하라 (사 40:3)

이런 사례들은 신약성경 여러 곳에서 확인될 수 있다 보니[1], 성서 비평가들의 공격 포인트가 되기도 하고, 성경을 읽는 평신도들에게도 혼란을 주기도 합니다.

신약 기록 시기에 사용된 구약성경

이런 차이가 발생하게 된 원인을 구체적으로 살펴보기에 앞서, 신약 기록 당시에 어떤 구약성경이 사용되었는지를 다시 한번 짚어 볼 필요가 있습니다.

신약성경이 기록되던 무렵에는 히브리어 성경, 회당에서 구두로 전해진 아람어 타르굼, 그리고 헬라어 번역인 칠십인역이 함께 사용되고 있었습니다. 신약 기자들은 구약을 인용할 때 상황에 따라 서로 다른 전승을 사용하기도 했으나, 주로 칠십인역을 많이 인용한 것으로 보입니다.

---

1) 학자들은 신약의 구약 인용 중 약 300여 개 정도가 히브리어 마소라 본문과 직접적으로 일치하지 않는 것으로 분류

참고로 현재 개신교 구약성경은 AD 90년경 얌니아 회의에서 재확인된 히브리 경전(Tanakh)의 범위를 따르고, 본문 텍스트는 후대 마소라 학자[1]들이 정리한 마소라 본문을 근간으로 삼고 있습니다만, 필요에 따라 칠십인역과 사해사본[2] 등 다른 사본 전승을 참고하기도 합니다.

신약의 구약 인용이 다르게 보이는 원인

신약에 인용된 구약의 구절들이 차이가 있어 보이는 것은 대체로 네 가지 정도의 원인이 있는 것으로 보입니다.

① 신약의 기자들이 사용한 구약성경의 판본 차이

칠십인역과 히브리어 본문이 본래부터 차이가 있었던 부분입니다. 하지만 신약 기자들이 '잘못된 번역'을 무비판적으로 가져온 게 아니라, 성령의 영감 가운데 메시지를 의도적으로 적용하여, 당시 통용 성경을 통해 복음의 진리를 설명한 것이라고 보는 게 교회의 전통적인 이해 방식입니다.

② 확대·의도적 적용

구약 본문이 말한 원리를 신약 상황에 맞게 결과까지 확장하거나 재해석

---

1) AD 6세기~10세기 사이, 팔레스타인(티베리아), 바빌로니아에서 활동한 유대인 서기관·학자 그룹으로 히브리 성경 본문을 정확하게 보존하고 후대에 전하기 위해 활동한 사람들

2) 1947~1956년 이스라엘 사해 주변 쿰란 동굴 등에서 발견된, 현존하는 가장 오래된 구약성경 사본

하는 경우입니다.

즉, 이사야 29:13절에서 언급한 '왜곡된 신앙 태도'가 마가복음 7:6~7절의 '헛된 예배'라는 결과로 이어지고 있다는 것입니다.

③ 대표 저자만을 기재

여러 예언자의 글을 합쳐 인용하면서 대표적인 한 사람의 이름을 붙이는 경우입니다.

마태복음 27:7~9절은 스가랴 11:13절만 인용된 것이 아닙니다. 예레미야에도 유사한 구절이 있습니다. 특히 예레미아 19:2절에 기록된 '힌놈의 골짜기'는 '죽임의 골짜기'를 의미하여 심판 · 피 흘림의 장소로 볼 수 있어 마태복음의 '피밭'의 근거가 될 수 있습니다.

> 여호와께서… 가서 토기장이의 옹기를 사고… 힌놈의 아들의 골짜기로 가서 거기에서 내가 네게 이른 말을 선포하여 (렘 19:1~2)
>
> 내 숙부의 아들 하나멜의…밭을 사는데 은 십칠 세겔을 달아 주되 (렘 32:9)
>
> 주 여호와여 주께서 내게 은으로 밭을 사며…(렘 32:25)

따라서 마태는 예레미야와 스가랴의 기록을 같이 인용하면서 앞선 선지자인 예레미야의 이름만 기록한 것으로 볼 수 있습니다.

④ 주해적 · 메시아적 해석

신약 기자가 기록 및 전달의 효율성 등을 고려한 경우입니다. 앞에서 언급된 마가복음 1:2~3절이 말라기 3:1절과 이사야 40:3절을 합성 인용한 것처럼 두 개 이상의 구절을 묶어 하나로 인용하는 경우입니다.

그리고 야고보가 히브리어 원어인 '거만한 자'를 칠십인역의 표현인 '교만한 자'로 그냥 사용한 것처럼, 구약의 내용을 그대로 인용하지 않고, 구약의 의미를 간추리거나 헬라어 표현으로 새롭게 풀어쓴 경우도 있습니다.

> …거만한 자를 비웃으시며 겸손한 자에게 은혜를 베푸시나니 (잠 3:.34)
> …하나님이 교만한 자를 물리치시고 겸손한 자에게 은혜를 주신다 하였느니라 (약 4:6)

마지막으로 구약의 본문을 신약 기자가 메시아적 관점을 강조하기 위해 해석하여 적용한 경우입니다. 헤롯의 아기 학살을 피해 애굽으로 피신하셨다 돌아오시는 모습 등이 여기에 해당됩니다.

> 이스라엘이 어렸을 때에 내가 사랑하여 내 아들을 애굽에서 불러냈거늘 (호 11:1)
> …선지자를 통하여 말씀하신 바 애굽으로부터 내 아들을 불렀다 함을 이루려 하심이라 (마 2:15)

신약의 구약 인용 차이는 성경의 오류가 아니라, 다양한 본문 전승과 고대 인용 관습, 그리고 성령의 영감 가운데 이루어진 의도적 적용의 결과입니다.

이 차이들은 성경의 신빙성을 약화시키는 것이 아니라, 오히려 구약의 말씀들이 그리스도 안에서 어떻게 성취되는지를 드러내는 통로가 됩니다.

그러므로 인용의 차이에 머물지 않고, 그 모든 말씀을 통해 드러나는 하나님의 구원 계획과 그 중심에 계신 예수 그리스도를 바라보아야 할 것입니다.

5.
가룟 유다의 죽음이 다르게 기록된 이유

가룟 유다의 죽음이 마태복음에는 목을 매어 자살한 것으로, 사도행전에는 추락하여 장이 파열되어 죽은 것으로 서로 다르게 기술되어 있습니다.

> 유다가 은을 성소에 던져 넣고 물러가서 스스로 목매어 죽은지라 (마 27:5)
> (이 사람이 불의의 삯으로 밭을 사고 후에 몸이 곤두박질하여 배가 터져 창자가 다 흘러 나온지라) (행 1:18)

전통적 해석

가장 전통적이고 일반적인 해석은, 유다가 목을 매어 죽었고, 시간이 흐르며 시신이 매달린 줄이나 지지대가 끊어져 매달린 장소에서 떨어지며, 그 과정에서 시신이 바위나 땅에 부딪히면서 배가 터지고 창자가 쏟아진 상황으로 연결된다는 것입니다.

아우구스티누스와 같은 초대교부들은 이 두 기록을 모순이 아니라, 한 사건을 다른 방식으로 설명한 것으로 보았고, 여러 현대 신학자들도 이 해석을 따릅니다.

밭의 소유 문제

가룟 유다의 죽음과 관련되어 마태복음과 사도행전에는 '피밭'이라는 공통 장소가 등장합니다. 마태복음에는 '제사장들이 샀다'라고, 사도행전에는 '유다가 산 땅'이라고 서로 다르게 기록되어 있습니다.

> 대제사장들이 그 은을 거두며… 이것으로 토기장이의 밭을 사서 나그네의 묘지를 삼았으니, 그러므로 오늘날까지 그 밭을 피밭이라 일컫느니라 (마 27:6~8)
>
> (이 사람이 불의의 삯으로 밭을 사고 후에… 그들의 말로는 그 밭을 아겔다마라 하니 이는 피밭이라는 뜻이라) (행 1:18~19)

여러 신학자들은 당시 언어 습관과 법 개념을 근거로 구입 자금의 출처가 곧 '구입자'로 표현되는 경우가 있다고 주장합니다. 유다가 배신의 대가로 받은 돈으로 대제사장들이 산 땅이므로 "이 땅은 누구의 돈으로 산 땅이다"라는 측면에서 수사적·간접적 의미로 "유다가 샀다"라고 본다는 것입니다.

서로 다른 전승 반영

다른 해석으로는 마태복음과 사도행전이 서로 다른 초대교회의 전승을 기록했을 가능성도 제기되고 있습니다.

즉, 마태복음은 유다가 성전에서 나가 목을 맸다는 유대의 전승을, 사도행전은 유다가 "피 밭"에서 비참하게 죽었다는 예루살렘 지역의 전승을 기록했다는 것입니다.

그리고 사도행전의 '창자가 쏟아졌다'는 표현이 하나님의 심판을 상징하는 구약적 상징·비유적인 표현이라는 견해도 있습니다.

> … 여호와께서 여호람을 치사 능히 고치지 못할 병이 그 창자에 들게 하셨으므로, …그의 창자가… 빠져나오매… (대하 21:18~19)

이런 내용들을 종합해 볼 때 유다가 목을 맨 후, 시신이 추락해 훼손되었을 가능성이 가장 설득력 있는 해석이 될 수 있을 것입니다. 그리고 만일 서로 다른 구전·문학적 전통을 기록했다고 하더라도 초기 교회는 이 두 묘사를 큰 충돌로 보지 않았습니다.

마태복음에서는 유다의 배신과 후회, 자살이라는 비극을, 사도행전에서는 유다의 끝이 하나님의 심판과 공동체에서의 단절로 마무리되었다는 의미로 해석될 수 있기 때문입니다.

결국 가룟 유다의 죽음을 기록한 마태복음과 사도행전의 두 기록은 모순이 아니라, 다른 시각에서 같은 사건을 보완적으로 묘사한 것으로 볼 수 있습니다.

6.
바울의 회심에 대한 서로 다른 기록

바울이 예수님을 만나 회심하는 기록은 사도행전 9장, 22장, 26장 등 모두 세 번에 걸쳐 기록되어 있는데, 각각의 기록들은 약간의 차이를 보이고 있습니다.

① 동행자들의 반응

> 같이 가던 사람들은 소리만 듣고 아무도 보지 못하여… (행 9:7)
> 나와 함께 있는 사람들이 빛은 보면서도 나에게 말씀하시는 이의 소리는 듣지 못하더라 (행 22:9)

② 시간 차이

> …다메섹에 가까이 갔을 때에 오정쯤 되어… (행 22:6)
> 왕이여 정오가 되어 길에서 보니… (행 26:13)

③ 예수님의 말씀

> …네가 어찌하여 나를 박해하느냐… 나는 네가 박해하는 예수라 (행 9:4~5)

…네가 왜 나를 박해하느냐… 나는 네가 박해하는 나사렛 예수라 하시더라 (행22:7~8)

…네가 어찌하여 나를 박해하느냐 가시채[1]를 뒷발질[2]하기가 네게 고생이니라… 나는 네가 박해하는 예수라 (행 26:14~15)

'같은 사건을 세 번 기록했는데 내용이 조금씩 다르다'는 이유로 비평가들의 공격을 받는 원인이 되고 있습니다.

서로 다른 기록 목적

사도행전 9장은 누가가 3인칭 관점에서 기록한 것이고, 22장은 바울이 예루살렘 군중 앞에서, 26장은 바울이 아그립바 왕 앞에서 1인칭 간증 형식으로 이야기한 것을 기록한 것입니다.

동행자들의 반응은 한쪽 기록은 '소리를 들었다'에 집중하고, 다른 기록은 '그 말을 이해하지 못했다'에 집중하는 것으로 볼 수 있습니다. 영어로 'hear'과 'understand' 정도의 차이로 설명될 수 있을 것입니다.

시간은 모두 한낮(정오 무렵)이라는 점에서 본질적으로 동일합니다.

1) '가시채'(ox goad): 소몰이용 길고 뾰족한 막대
2) 소가 가시채에 찔리면 본능적으로 뒷발로 걷어차며 저항하지만, 그럴수록 더 깊이 찔려 자기만 아프게 되는 것

예수님의 말씀은 본질적으로는 모두 "네가 왜 나를 박해하느냐"와 "나는 예수다"라는 동일한 메시지를 전달하고 있습니다. 다만, 청중의 필요와 설득 목적에 따라 말씀의 다른 부분을 발췌하고 강조한 것으로 볼 수 있습니다.

보수적 관점에서는 이 차이가 오히려 생생한 증거이며, 모든 사건 기록이 똑같이 복사된 듯 일치하지 않는다는 점이 오히려 역사적 신빙성을 더해 준다고 보기도 합니다.

그런데 왜 이런 내용들이 비평가들로부터 공격을 받는 것일까요? 비평가들은 성경을 문자 그대로 100% 일치해야 하는 역사 기록으로 보면서, 작은 차이를 충돌로 보고, 서로 보완하는 관점 차이로 보지 않기 때문입니다.

성경은 모든 세부가 기계적으로 복사된 듯 동일하지는 않습니다. 만일 "성경이 일점일획도 틀리지 않는다"는 말씀을 단순히 모든 표현이 문자적으로 완벽히 일치해야 한다는 의미로만 이해한다면, 오히려 비평가들의 공격 빌미가 될 수 있습니다.

그러나 성경의 진리는 변하지 않으며, 다양한 서술은 동일한 사건을 서로 다른 각도에서 보여 주어 그 진리를 더욱 입체적으로 드러냅니다.

바울의 회심 사건이 언제나 "그가 부활하신 예수를 만나 회심하여 사도로 부름받았다"는 본질을 전하는 것처럼, 성경은 오류 없는 하나님의 말씀이며 우리의 구원과 믿음의 삶에 충분하고 권위 있는 계시임을 확신할 수 있습니다.

7.
므낫세 왕에 대한 서로 다른 구약 기록

므낫세는 남유다 왕국의 14번째 왕으로 BC 686년 히스기야의 뒤를 이어 12세에 왕이 되어 55년간 다스렸습니다.

성경은 그에 대해 서로 다른 모습을 전합니다. 열왕기하에서는 "평생 악을 행하고 회개의 기미 없이 죽은 왕"으로, 역대기하에서는 "아시리아에 포로로 끌려갔다가 회개하고 신앙을 회복한 왕"으로 기록합니다. 그래서 성경이 같은 사건을 서로 다르게 기록한 사례로 자주 언급됩니다.

> 므낫세가 유다에게 범죄하게 하여 여호와께서 보시기에 악을 행한 것 외에도 또 무죄한 자의 피를 심히 많이 흘려…, 므낫세의 남은 사적과 그가 행한 모든 일과 범한 죄는… 기록되지 아니하였느냐, 므낫세가 그의 조상들과 함께 자매… 웃사의 동산에 장사되고… (왕하21:16~18)
> 그가 환난을 당하여 그의 하나님 여호와께 간구하고 그의 조상들의 하나님 앞에 크게 겸손하여, 기도하였으므로 하나님이 그의 기도를 받으시며 그의 간구를 들으시사 그가 예루살렘에 돌아와서 다시 왕위에 앉게 하시매 므낫세가 그제서야 여호와께서 하나님이신 줄을 알았더라 (대하33:12~13)

역사 · 편집적 배경

열왕기하는 기원전 6세기 바빌론 포로기 무렵 편찬되었습니다. 편찬 목적은 "이스라엘과 유다가 멸망한 이유는 하나님 앞에서의 불순종과 우상숭배 때문"이라는 점을 드러내는 것이었습니다. "순종은 축복, 불순종은 심판"이라는 신명기적 역사관에 맞추어, 므낫세는 돌이킬 수 없는 죄의 상징으로 그려졌습니다.

> 유다 왕 히스기야의 아들 므낫세가 예루살렘에 행한 것으로 말미암아 내가 그들을 세계 여러 민족 가운데에 흩으리라 (렘 15:4)

반면 역대기하는 바빌론 포로 이후(BC 4~3세기경) 집필된 것으로 보입니다. 역대기 기자는 포로기 공동체에게 "회개하면 회복된다"라는 메시지를 주기 위해 므낫세의 회개 이야기를 상세히 전했습니다. 실제로 역대기 전체에서 회개와 갱신의 서사가 반복적으로 강조됩니다.

왜 기록이 이렇게 다를까?

① 자료 차이

역대기가 열왕기와는 다른 구전 전승이나 문서를 반영했을 수 있습니다. 므낫세의 회개 이야기가 후대 전승에서 발전하여 역대기에 포함되었을 가능성이 있습니다.

② 신학적 선택

열왕기는 유다 멸망의 원인을 강조하기 위해 긍정적 기록을 생략했을 수 있고, 역대기는 포로기 이후 공동체를 격려하기 위해 회개의 기록을 삽입했을 수 있습니다.

③ 서술 비중의 전략적 배분

열왕기 편찬자는 므낫세가 회개했더라도 이미 누적된 죄의 결과로 국가 멸망은 되돌릴 수 없다고 판단했을 것입니다. 그래서 국가적 흐름을 바꾸지 못한 사건은 기록에서 비중 있게 다루지 않았을 수 있습니다.

따라서 므낫세 왕에 대한 상반된 평가는 "어느 시기, 어떤 신학적 목적에서 바라보았느냐"의 차이에서 비롯된 것이고, 그 결과 열왕기는 '악'만, 역대기는 '회개'까지 담은 것입니다.

므낫세 회개 이후의 기록?

그렇다면 새로운 질문이 생기게 됩니다. "야곱, 다윗, 베드로처럼 회개 이후의 변화를 기록하는 성경 패턴이 있는데, 왜 므낫세는 열왕기에서 그 후의 이야기가 안 적혀 있나?"라는 것입니다.

므낫세의 경우는 앞에서도 언급된 것처럼 국가적 흐름을 되돌리기에는 너무 늦었고, 멸망의 원인은 이미 누적되었기 때문에, 역대기 편찬 시점에서는 "그렇게 악했던 왕도 회개하면 하나님이 회복시키신다"라며 포로 귀환 공동체를 격려하는 사례 정도로만 부각된 것으로 보입니다.

므낫세의 회개 이야기는 두 가지 다른 강조점을 보여 줍니다.
- 열왕기: "죄 → 심판 → 멸망(되돌릴 수 없음)"
- 역대기: "죄 → 회개 → 회복(돌아올 수 있음)"

결국 두 기록은 서로 모순이 아니라, 각 시대에 필요한 메시지를 강조한 것입니다. 성경은 국가적 멸망은 되돌릴 수 없었지만, 개인의 회개는 여전히 하나님께 받아들여진다는 교훈을 전하고 있습니다.

8.
12지파가 다르게 기록된 이유

성경에는 야곱의 자손인 12지파가 여러 차례 소개됩니다. 창세기에 두 차례, 민수기, 여호수아, 신명기, 에스겔, 요한계시록까지 약 7차례 등장하는데 12지파의 구성 및 순서가 다르게 기록되어 있습니다.

[12지파의 구성 및 순서]

구분	창35	창46	민1	신33	수13	겔48	계7
르우벤	1	1	1	1	1	6	2
시므온	2	2	2	-	8	9	7
레위	3	3	-	3	-	성소	8
유다	4	4	3	2	4	7	1
잇사갈	5	5	4	7	10	10	9
스불론	6	6	5	6	9	11	10
단	9	11	9	9	13	1	-
갓	11	7	11	8	2	12	3
아셀	12	8	10	11	11	2	4
납달리	10	12	12	10	12	3	5
요셉	7	9	-	5[1]	-	-	11
므낫세	-	-	7	-	3/6[2]	4	6
에브라임	-	-	6	-	5	5	-
베냐민	8	10	8	4	7	8	12

1) 에브라임 · 므낫세 포함(신 33:13~17)

2) 므낫세 지판의 반은 동편, 반은 서편으로 두 번 언급

12지파 구성 원리

성경에서 12라는 숫자는 단순한 계산상의 숫자가 아니라, 하나님께서 특별히 언약과 충만, 온전함을 나타내는 상징적 수로 사용하십니다.

이스라엘 12지파는 기본적으로 야곱의 12 아들에 그 뿌리를 두고 있습니다. 하지만 요셉의 경우 그의 아들 므낫세와 에브라임이 야곱에게 '양자로 입적'(창 48:5)되어 두 지파로 계산되기도 합니다. 그래서 때로는 요셉 대신 므낫세 · 에브라임이 지파 명단에 들어가기도 합니다.

지파의 구성은 어머니 기준, 기업(땅 분배) 기준 등에 따라 달라지게 됩니다.

예를 들어 어머니 기준으로 따지게 되면 므낫세와 에브라임이 빠지게 됩니다(창 35장, 창 36장).

① 레아의 아들: 르우벤, 시므온, 레위, 유다, 잇사갈, 스불론
② 라헬의 아들: 요셉, 베냐민
③ 빌하[1]의 아들: 단, 납달리
④ 실바[2]의 아들; 갓, 아셀

1) 라헬의 몸종
2) 레아의 몸종

땅 분배(기업)를 기준으로 하게 되면 레위 지파는 제사장 지파로서 땅 분배를 받지 않기 때문에 빠지게 되고, 요셉은 므낫세과 에브라임이 대신 분배를 받아 제외되어 결과적으로는 12지파가 유지됩니다(수 13~19장, 겔 48장).

순서는 기록하고자 하는 상황에 맞게 배열한 것으로 보입니다.

① 어머니 순(창 35장): 레아, 라헬, 빌하, 실바 안에서 출생 순 배열, 혈통과 가계 기록 목적
② 애굽 입성 명단(창 46장): 야곱의 아들과 손자 중심, 실제로 애굽에 들어간 자를 기록한 가계 중심 배열
③ 군사·행정 편제(민 1장): 지파별 인구조사, 군사 조직 기준 배열, 레위 지파는 군역이 면제되어 제외, 요셉 지파는 므낫세와 에브라임 지파로 분리
④ 지파별 성격 및 사명 축복(신 33장): 모세의 임종 축복, 각 지파의 특징과 사명을 강조, 시므온 지파는 제외, 요셉 지파에 므낫세와 에브라임 지파가 포함
⑤ 기업의 분배 순서(수 13~19장): 요단 동편(르우벤·갓·므낫세 동편)에 이어 서편(유다·에브라임·므낫세 서편·그 외)
⑥ 북쪽에서 남쪽의 지리적 순서(겔 48장): 회복된 땅의 환상, 레위 지파는 성소, 요셉은 므낫세와 에브라임으로 대체
⑦ 신학적 상징(계 7장): 인 맞은 언약 공동체, 신학적·상징적 배열, 단 제외, 에브라임 대신 요셉, 레위와 므낫세 포함

제외된 지파의 특징

땅을 배분받지 않은 레위와, 아들들이 대신 받은 요셉이 포함되고 제외되기도 하는 것은 상황에 따른 배열로 이해가 됩니다.

하지만 시므온 지파와 같이 신명기 33장에서는 제외되었다가 이후에 다시 포함되는 경우, 그리고 요한계시록 7장에서 제외된 단 지파와 에브라임 지파에 대해서는 '왜'라는 질문이 생기게 됩니다.

① 시므온 지파

시므온 지파는 야곱의 저주[1](창 49:5~7, 흩어짐)와 브올 사건[2](민 25:14, 시므온 족장 죽음)으로 인해, 광야 40년 기간 동안 시므온 지파의 인구가 감소[3]하고 기업이 약화되면서, 가나안 땅 분배 시에 유다 지파에 흡수되고 구약 역사 속에서 독립 지파로서 사실상 사라지게 됩니다.

이로 인해 모세의 마지막 축복인 신명기 33장에서는 시므온을 언급하지 않게 된 것입니다.

---

1) 시므온과 레위가 세겜 사람들에게 속임수로 할례를 시킨 뒤, 그들이 고통 중일 때 남자들을 모두 죽인 사건으로 야곱으로부터 '흩어짐의 저주'를 받음

2) 시므온 지파 지도자(살루의 아들 시므리)가 미디안 여인과 음행하다가 비느하스의 창에 찔려 죽음(민 25:14).

3) 59,300명(민 1:23) → 22,200명(민 26:14)

하지만 여호수아가 땅을 배분할 당시에는 시므온 지파가 아직 있었기 때문에 지파의 이름이 다시 등장하게 된 것이고, 에스겔 48장은 바벨론 포로 이후 회복과 소망의 메시지를 표현하면서 시므온을 포함한 모든 지파가 다시 돌아와 기업을 받는 모습을 그리게 된 것입니다.

요한계시록 7장에서도 시므온은 종말론적 상징 속에 다시 포함됩니다. 이는 하나님께서 죄를 심판하시더라도 언약 공동체를 결코 무너지게 하지 않으시고, 언제나 12지파라는 충만함을 보존하신다는 신학적 메시지를 보여 줍니다.

② 단 지파

단 지파는 라이스(후에 단)로 이주하며 은 신상을 세우고, 미가의 제사장을 데려와 우상 숭배를 시작하였고(삿 18장), 북이스라엘 여로보암이 금송아지를 단(지명)과 벧엘에 함께 세우면서 단이 우상 숭배의 거점이 됩니다(왕상 12:28~29)[1].

결과적으로 단 지파는 구약에서 우상 숭배의 대명사가 되었고, 역사 기록에서 비중이 점차 줄어들다 결국 요한계시록 7장에서 그 이름까지 제외되게 된 것입니다.

---

1) 삿 18장과 왕상 12장의 사건은 약 200년 이상의 시간적 차이가 있음

③ 에브라임 지파

에브라임은 요셉의 둘째 아들이었으나, 야곱으로부터 장자인 므낫세보다 더 큰 지파로 축복을 받았습니다(창 48:19).

여호수아(민 13:8, 16)와 북이스라엘의 초대 국왕 여로보암(왕상 11:26)이 모두 에브라임 지파 출신이었으며, 그 결과 북이스라엘 전체가 '에브라임'으로 불릴 만큼(사 7:2, 호 5:3) 대표 지파가 되었습니다.

그러나 동시에 우상숭배와 배교의 상징이 되었고(호 4:17), 그 부정적 이미지 때문에 요한계시록 7장에서는 이름이 빠지고, 대신 언약 계승자인 '요셉'의 이름이 들어감으로써 정결성을 회복하는 신학적 메시지를 전하게 된 것입니다.

지파 구성이 다른 이유

성경에 기록된 12지파의 배열은 단순한 명단의 나열이 아니라, 각 시대와 상황 속에서 하나님께서 전하고자 하신 메시지와 목적에 따라 달리 기록된 것입니다. 출생과 가계의 맥락에서 배열되기도 하고, 군사적 편제나 기업 분배의 행정적 필요에 따라 달라지기도 하며, 때로는 예언적 메시지나 종말론적 상징을 드러내기 위해 이름이 빠지거나 대체되기도 합니다.

이 과정에서 시므온, 단, 에브라임처럼 역사 속에서 죄와 실패로 인해 제외되거나 약화된 지파도 있습니다. 그러나 하나님은 언제나 '12'라는 언약의 충만함을 보존하심으로, 언약 백성이 결코 끊어지지 않음을 보여 주셨습니다. 이는 단순한 숫자 유지가 아니라, 하나님께서 자신의 백성을 끝까지 지키시고 보존하신다는 구속사적 선언입니다.

요한계시록의 144,000 역시 문자적 제한이 아니라, 12지파와 12사도의 충만한 수(12×12×1000)를 통해 모든 시대와 민족 가운데 모여든 하나님의 언약 백성을 상징합니다. 이어서 "능히 셀 수 없는 큰 무리"가 함께 등장하는 것은, 구원받은 공동체가 특정 지파나 숫자에 국한되지 않고 전 세계를 아우르는 보편적 공동체임을 선포합니다.

> 너희가 다 믿음으로 말미암아 그리스도 예수 안에서 하나님의 아들이 되었으니, 누구든지 그리스도와 합하기 위하여 세례를 받은 자는… 곧 아브라함의 자손이요 약속대로 유업을 이을 자니라 (갈 3:26~29)

따라서 성경의 12지파 변동은 모순이나 오류가 아니라, 하나님의 심판과 은혜, 언약의 보존과 성취를 동시에 드러내는 구속사적 메시지입니다. 하나님은 죄를 심판하시되, 그럼에도 불구하고 자신의 언약 백성을 끝까지 충만하게 보존하시며, 그 언약은 그리스도 안에서 온전히 완성됩니다.

9.
자연과학과 성경

성경은 과학 교과서가 아닙니다. 성경의 목적은 자연 법칙을 설명하는 데 있는 것이 아니라, “여호와의 율법은 완전하여”(시 19:7), “하나님의 감동으로 된 것”(딤후 3:16)으로 하나님의 구원 역사와 계시를 선포하는 데 있습니다.

따라서 성경은 처음부터 물리학·천문학·생물학의 세밀한 지식을 가르치려는 책이 아니라, 인간에게 하나님의 뜻을 알리고 구원의 길을 제시하는 말씀입니다.

한편 고대 히브리 문화권에서 성경 기자들은 우주와 자연을 기록할 때, 오늘날의 과학적 용어 대신 일상적 관찰과 체험의 언어를 사용했습니다. 해가 동쪽에서 떠서 서쪽으로 진다고 기록한 것은 인간이 실제로 보는 세계의 경험을 그대로 표현한 것입니다.

하지만 성경이 비과학적 사실을 기록하고 있다는 비평도 계속 이어지고 있는 것도 사실입니다.

비평가들의 지적

비평가들은 우주 질서, 자연 현상, 역사 사건, 기적과 신학적 메시지 등에서 성경이 비과학적이고 현대 과학 이론과 충돌한다고 말합니다.

① 창조와 우주

(1) 6일 창조와 빅뱅(창 1장, 시 104편)

→ 성경을 문자적으로 해석할 경우, 수십억 년에 걸쳐 우주가 형성되었다는 과학 이론과 불일치

(2) 진화론과 인간 기원(창 2:7, 롬 5:12)

→ 흙으로 만든 아담과 현대 진화론적 인간 발생과의 충돌

(3) 지구 나이와 화석(창 1:5, 벧후 3:8)

→ 성경에 대한 문자적 해석은 과학의 오래된 지구, 화석 기록 등을 설명하기 어려움

② 자연 현상과 기록 방식

(4) 달을 작은 광명체라 함(창 1:16)

→ 태양·별보다 밝지도 크지도 않음에도 '광명체'로 기술

(5) 해의 운행(전 1:5)

→ 실제는 지구가 자전·공전하나 해가 움직이는 것처럼 묘사

(6) 토끼 되새김 문제(레 11:6)

→ 현대 동물학에 따르면 토끼는 반추동물이 아님

(7) 박쥐를 새로 분류(레 11:19)

→ 실제는 포유류

(8) 곤충 다리가 네 개라 묘사(레 11:21)

→ 실제 곤충은 다리가 여섯

(9) 지구 네 모퉁이(사 11:12, 계 7:1)

→ 둥근 지구를 간과한 듯한 평면적 표현

③ 역사와 사건

(10) 노아의 홍수(창 7~8장)

→ 전 지구적 홍수의 증거 부족, 지역 홍수 가능성 제기

(11) 여리고 성 함락(수 6:20)

→ 일부 고고학 자료와 성경 기록 시점 불일치 주장

(12) 여호수아의 해 멈춤 사건(수 10:12~13)

→ 태양·달 정지 묘사가 천문학적으로 불가능

④ 기적과 자연 법칙

(13) 예수님의 물 위 걷기(마 14:25)

→ 물리학 법칙 위반으로 해석

변증법적 해석

이런 비평에 대해 기독교 변증법 학자들은 여러 해석을 내놓기도 합니다.

① 6일 창조와 빅뱅:

창세기의 "날"(히브리어 '욤', יום)은 시대 · 기간을 상징할 수 있으므로, 빅뱅 이론의 "우주의 시작이 있었다"라는 주장과 "태초에 하나님이 천지를 창조하시니라"(창 1:1)는 성경의 말씀이 서로 맥을 같이하고 있다는 견해입니다.

② 진화론과 인간 기원

인간 창조의 신학적 핵심은 "하나님이 인간을 창조하셨다"(창 2:7)는 주권 선언이라고 봅니다. 진화를 창조의 도구로 볼 수도 있으며, 아담은 역사적 인물이자 인류의 대표로 이해가 가능하다는 것입니다.

③ 지구 나이와 화석

베드로후서 3:8절[1]의 하나님께는 "하루가 천 년 같고, 천 년이 하루 같다"라는 기록처럼 '욤'(날)이 반드시 24시간을 뜻하는 것이 아니라 '시대 · 기간'을 뜻하는 것으로 볼 수 있으므로 오래된 지구 해석과 성경은 양립이 가능하다는 견해입니다.

④ 달이 작은 광명체

고대 언어에서는 '빛을 내는 것처럼 보이는 천체'를 광명체라고 불렀는데, 이는 인간의 관찰과 경험을 기반으로 한 표현에 해당되므로, 단순하게 과

---

1) 벧후 3:8은 본래 "종말이 지연되는 것은 하나님의 인내 때문"이라는 맥락에서 사용된 구절로 창세기의 '날'을 직접적으로 해석하는 본문은 아니지만, 기독교 변증 전통에서는 하나님의 시간 개념이 인간과 다르다는 점을 들어 '욤'을 긴 기간으로 이해할 수 있다는 근거로 활용하고 있음

학 교과서와 비교해서는 안 된다는 것입니다.

⑤ 해의 운행

“해가 뜨고 진다”라는 표현 역시 일상적 관찰 언어이므로 과학적 진술로 볼 수 없다라는 것입니다.

⑥ 토끼의 되새김질

토끼가 ‘먹은 것을 다시 씹는 행위(식분 섭취)’ 때문에 고대 분류 체계에서는 되새김 동물로 인식되었고, 당대의 분류 체계와 관찰 언어를 기준으로 보면 오류가 아니라는 입장입니다.

⑦ 박쥐를 새로 분류

고대 히브리 분류에서는 ‘날 수 있는 것’을 ‘새’로 묶어 보았기 때문에 현대 동물학 분류와 기준이 다를 뿐이라고 보고 있습니다.

⑧ 곤충 다리가 네 개

곤충들의 앞다리 두 개는 먹이를 집는 ‘손’ 역할을 하므로 당시에는 이를 구분해 걷는 다리 네 개로 인식했을 가능성이 있습니다.

⑨ 지구 네 모퉁이

‘네 모퉁이’는 동·서·남·북, 즉 사방을 의미하는 비유적 표현이라고 주장합니다.

⑩ 노아의 홍수

'온 땅'이 지구 전체가 아니라 '사람이 사는 모든 지역', 즉 고대 중동 지역 전체를 의미하는 것으로 볼 수 있으며, 고대 메소포타미아 지역의 대홍수와 성경의 기록이 맞닿아 있는 것도 노아의 홍수가 실제로 있었다는 증거로 볼 수 있다는 의견입니다. 무엇보다 심판과 구원의 메시지에 초점을 맞추어야 한다고 설명합니다.

⑪ 여리고 성 함락

발굴 해석[1]에는 여러 학설이 있으며, 일부 학자들은 기원전 1400년경 파괴 증거가 성경 기록과 부합한다고 주장하기도 합니다. 그리고 여리고 성 함락은 "믿음으로 칠 일 동안 여리고를 도니 성이 무너졌으며"(히 11:30)라는 말씀처럼 하나님의 말씀을 믿고 따르는 것의 중요성을 상징하고 있습니다.

⑫ 여호수아의 해 멈춤 사건

히브리어 '멈추다'(דָּמַם, dāmam)는 '조용하다, 그치다'라는 의미도 있으므로, 이는 시적 · 관용적 표현일 수 있으며, 동시에 하나님이 초자연적으로 개입하신 기적일 수도 있다는 견해입니다. 시편도 '낮도 주의 것이요 밤도 주의 것이라 주께서 빛과 해를 마련하셨으며'(시 74:16)라고 선포합니다.

---

1) 발굴을 통해 나온 유물·유적·문헌을 분석하고 그 의미를 밝히는 과정

⑬ 예수님의 물 위 걷기

기적은 자연 법칙의 파괴가 아니라, 창조주가 자연 법칙 위에 계셔서 주권적으로 개입하신 사건입니다. "그가 홀로 하늘을 펴시며 바다 물결을 밟으시며"(욥 9:8)라는 성경의 기록처럼 기적은 과학적 설명이 아니라 믿음·제자 교육 등과 같은 신학적 메시지에 초점을 두어야 한다는 것입니다.

변증학자들의 견해와 주장은 비평가들의 비평에 대해 성실히 답하려는 시도로서 의미가 있지만, 성경에 대한 공격을 완전히 차단하거나 선제적으로 무력화하기에는 한계가 있어 보이기도 합니다.

그러나 이러한 한계를 인정하는 것 자체가 중요하며, 오히려 우리는 성경의 본질적 메시지와 목적에 시선을 고정할 때 더 깊은 해답을 발견할 수 있을 것입니다.

과학, 하나님께로 가는 또 다른 문

자연과학이 발달할수록 인간은 이전보다 더 넓고 깊은 자연의 신비를 보게 되었습니다. 그러나 이런 발견이 하나님을 부정하게 만들지 않았습니다.

오히려 "하늘이 하나님의 영광을 선포하고 궁창이 그 손으로 하신 일을 나타낸다"(시 19:1)는 성경의 말씀이 더 실감나게 다가옵니다. 과학은 신앙을 무너뜨린 것이 아니라, 창조의 섬세함을 보여 주며 하나님께 더 가까이 가는 문이 되기도 하기 때문입니다.

비평가들은 성경을 과학 교과서처럼 읽고 오류를 지적하지만, 성경은 본래 신앙 문서입니다. 따라서 우리는 억지로 모든 구절을 과학적 사실에 꿰맞추려 하기보다, 고대인의 언어·관찰 체계·신학적 메시지 속에서 이해해야 합니다.

성경은 물리학, 생물학, 천문학의 세밀한 교과서가 아닙니다. 그러나 성경은 자연과 우주의 기원, 인간의 본질에 대한 큰 그림을 제시하고 있습니다.

"태초에 하나님이 천지를 창조하시니라"(창 1:1)는 말씀은 우주가 시작이 있다는 과학적 사실과 맞닿아 있습니다. 또 성경은 "낮도 주의 것, 밤도 주의 것"(시 74:16)이라는 진리를 통해, 모든 자연 질서의 근원이 창조주께 있음을 가르칩니다.

즉 성경은 과학의 '세부 설명'이 아니라, 과학을 넘어서는 '궁극적 의미'를 드러내는 책입니다.

역사 속에서 과학은 신앙을 무너뜨린 적이 없습니다. 오히려 과학이 발전할수록, 인간은 하나님이 지으신 세계의 질서와 섬세함을 더 깊이 발견했습니다.

오늘날도 마찬가지입니다. 과학은 '어떻게[1]'에 대한 답을, 성경은 '왜[2]'에 대한 답을 줍니다. 두 영역은 대립하는 것이 아니라 서로 다른 차원에서 진리를 비추며, 함께 걸을 때 인간을 더 깊이 하나님께로 이끄는 길이 됩니다.

---

1) 자연 현상이 어떤 법칙과 과정으로 일어나는지 등과 같이 메커니즘과 원리를 탐구. 예를 들어, 별이 어떻게 빛을 내는지, 세포가 어떻게 분열하는지 등을 설명

2) 존재의 의미와 목적, 하나님과 인간의 관계, 궁극적인 삶의 방향성을 보여 줌. 왜 우리가 존재하는지, 왜 선과 악이 있는지, 왜 하나님을 예배해야 하는지 같은 질문에 답을 줌

6부

종복, 양면성

1.
하나님의 성품에 대한 서로 다른 기록

성경을 읽다 보면 같은 하나님인데 다른 모습으로 보이는 경우가 있습니다. 한 분이신데 때론 무섭고, 때론 자비로우시기도 하기 때문입니다.

인간의 눈에 냉혹해 보이는 하나님

구약 일부에서는 하나님의 모습을 질투하는 하나님, 분노와 진멸을 명령하는 하나님, 백성을 방치하고 징계하는 하나님의 모습들도 기록되어 있습니다.

> 너는 다른 신에게 절하지 말라 여호와는 질투라 이름하는 질투의 하나님임이니라 (출 34:14)
> …호흡 있는 자를 하나도 살리지 말지니, … 네가 진멸하되 네 하나님 여호와께서 네게 명령하신 대로 하라 (신 20:16~17)
> 이스라엘 자손이 여호와께 부르짖으매 여호와께서 이스라엘 자손을 위하여 한 구원자를 세워 그들을 구원하게 하시니… (삿 3:9)[1)]

1) 울부짖기 전까지는 외면하고 계시는 것처럼 보임

이런 본문들은 인간들의 눈에는 가혹하고, 집착하거나, 무관심한 하나님으로 비칠 수 있습니다.

자비롭고 언약을 지키는 하나님

반면, 구약 안에서도 하나님의 본심은 사랑이고, 진멸 대신 회개와 용서를 강조하시며, 버림이 아니라 언약적 훈육이라는 하나님의 더 깊은 뜻을 드러내는 구절들도 있습니다.

> …여호와라 자비롭고 은혜롭고 노하기를 더디하고 인자와 진실이 많은 하나님이라 (출 34:6)
> 주 여호와의 말씀이니라 내가 어찌 악인이 죽는 것을 조금인들 기뻐하랴 그가 돌이켜 그 길에서 떠나 사는 것을 어찌 기뻐하지 아니하겠느냐 (겔 18:23)
> 내가 잠시 너를 버렸으나 큰 긍휼로 너를 모을 것이요, 내가 넘치는 진노로 내 얼굴을 네게서 잠시 가렸으나 영원한 자비로 너를 긍휼히 여기리라… (사 54:7~8)

즉, 구약 속에서도 하나님은 심판만이 아니라 자비와 회복을 본심으로 드러내셨습니다.

그렇다면 어떤 하나님의 모습이 진짜일까, 우리는 어떤 하나님을 바라보고 살아야 될까라는 현실적인 질문이 생기게 됩니다.

왜 서로 다른 모습이 기록되어 있는가?

성경은 하나님과 인간의 역사적 관계를 기록한 책입니다. 그렇기 때문에 상황과 맥락에 따라 하나님의 모습이 다양하게 드러납니다.

죄와 반역의 상황에서는 공의와 심판의 하나님이 나타납니다. 이는 하나님의 거룩함과 정의를 드러내는 측면입니다. 회개와 돌아옴의 상황에서는 사랑과 자비의 하나님이 나타납니다. 이는 하나님의 본심과 구원의 뜻을 드러냅니다.

즉, 하나님은 상황에 따라 '다른 분'으로 변하는 것이 아니라, 한 분 하나님의 다양한 성품이 각각의 맥락 속에서 강조되어 기록된 것입니다.

그렇다면 어떤 모습이 "진짜 하나님"인가?

성경 전체를 통해 일관되게 드러나는 메시지는, 하나님의 본심은 사랑이라는 사실입니다.

…내가 어찌 너를 놓겠느냐… 내가 어찌 너를 버리겠느냐… 나의 긍휼이

온전히 불붙듯 하도다 (호 11:8)

…너희를 향한 나의 생각을 내가 아나니 평안이요 재앙이 아니리라 너희에게 미래와 희망을 주는 것이니라 (렘 29:11)

결국 구약의 심판조차도 '끝내 버림'이 아니라 돌아오게 하려는 징계였음을 알 수 있습니다.

그리고 신약에서는 그 본심이 예수 그리스도 안에서 가장 분명하게 드러났습니다. 십자가는 '하나님의 공의와 사랑이 동시에 만난 사건'이기 때문입니다.

우리는 어떤 하나님을 바라봐야 할까?

부분적 모습이 아닌 전체적 하나님을 바라봐야 합니다. 즉, 공의와 사랑을 동시에 가지신 분.
그러나 하나님의 '최종적 얼굴'은 심판보다는 사랑과 회복에 있습니다. 왜냐하면 하나님은 심판하시되 살리기 위해 하시기 때문입니다.

따라서 신앙인은 하나님을 무섭게만 보지도, 너무 느슨하게만 보지도 말고, 사랑 안에서 거룩을 요구하시고, 거룩을 통해 사랑으로 이끄시는 하나님을 붙들어야 합니다.

성경 속 서로 다른 하나님은 '다른 신'이 아니라, 한 분 하나님의 다양한 성품이 각 상황 속에서 드러난 것입니다. 그 모든 이야기 위에서 흐르는 하나님의 본심은 언제나 사랑입니다.

우리는 공의와 사랑을 동시에 가지신 하나님을 붙들되, 결국 우리를 결코 버리지 않으시는 사랑의 하나님을 더욱 신뢰하며 살아가야 할 것입니다.

2.
시간을 초월 못 하는 전능하신 하나님?

사람들은 컴퓨터 게임처럼 리셋을 생각하기도 하고, 그때 다른 선택을 했다면 지금 어떻게 삶과 인생이 바뀌었을까라는 가정을 해 보기도 합니다. 그러다 보니 영화나 드라마, 소설 등에서도 타임슬립(time slip)과 관련된 주제들에 등장하기도 합니다.

그런데 성경 속 하나님을 보면, "사람 지으셨음을 한탄하사"(창 6:6), "뜻을 돌이키사"(출 32:14)라는 표현들이 있습니다. 이런 모습은 마치 하나님이 미래를 알지 못하셨거나 과거로 돌아가지 못하는 것처럼 보일 수 있습니다.

실제로 비평가들은 이를 근거로 "하나님은 시간을 초월하지 못한다"라고 주장하기도 합니다.

비평가들의 시각

비평가들은 성경에 나오는 시간 표현을 철학적 개념이 아닌 시적이고 문학적인 표현으로만 봅니다. 따라서 "영원부터 영원까지 주는 하나님이시니이다"(시 90:2)라는 고백도 철학적 형이상학[1]이 아니라 단순한 신앙 고백일 뿐이라고 말합니다.

또한 하나님은 역사 속에서만 활동하시는 분이고, 신약 성경의 "나는 알파와 오메가라"(계 1:8) 같은 표현은, 이미 헬라 철학의 시간관에 영향을 받은 것이라고 주장하기도 합니다.

더 나아가 하나님의 전지성과 인간의 자유의지 사이에 모순이 있다고 지적합니다. "하나님이 모든 미래를 알고 계신다면, 인간의 자유의지는 처음부터 없는 것이 아닌가?"라는 질문도 가능하다는 것입니다.

그리고 성경 어디에서도 하나님이 과거나 미래로 직접 이동하거나 시간을 조작하는 묘사나 기록이 없다는 것도 이유로 들고 있습니다.

이렇게 시간을 초월하지 못하는 하나님에 대한 비평은 아우구스티누스·토마스 아퀴나스 등이 제시한 '무시간적 하나님[2]'에 대한 반발로 더 강하게 제기된 것으로 보입니다.

결국 "시간을 초월하지 못하는 하나님?"은 성경에 대한 철학적·신학적 접근이 만들어 낸 이슈라고 볼 수도 있습니다.

---

1) 존재·실재의 본질, 세계의 근본 구조, 눈에 보이지 않는 원리를 탐구하는 철학 분야

2) 플라톤 철학의 '영원'(aion) 사상을 수용하여, 하나님을 과거·현재·미래의 구분을 초월하고 모든 시간을 동시에 아시는 분으로 이해하는 신학적 사상

기독교 신학자들의 반박

신학자들은 먼저 성경이 철학 교과서가 아니라 하나님의 계시의 책이라는 점을 강조합니다. 성경은 "하나님은 시간을 초월한다"라는 철학적 정의를 직접 쓰지 않지만, 시적이고 서사적인 언어 속에서 하나님이 시간과 차원을 초월하신다는 사실을 충분히 드러내고 있습니다.

> 주의 목전에는 천 년이 지나간 어제 같으며 밤의 한 순간 같을 뿐임이니이다 (시 90:4)
>
> 내가 시초부터 종말을 알리며 아직 이루지 아니한 일을 옛적부터 보이고… (사 46:10)
>
> …주께는 하루가 천 년 같고 천 년이 하루 같다는… (벧후 3:8)

즉, 하나님은 시간을 창조하시고 그 위에 계시면서도, 동시에 역사 속에 임재하시는 분이십니다.

> …나는 스스로 있는 자이니라… (출 3:14)

자유의지 문제에 대해서도 신학자들은, 하나님은 인간의 선택을 강제하지 않으시면서도 모든 가능성과 결과를 아시는 분이라고 설명합니다. 즉, 하나님은 결과를 아시는 동시에, 인간의 선택이 자유롭게 이루어진다는 사실도 아신다는 것입니다.

헬라 철학의 영향 주장에 대해서도 반박합니다. 플라톤 철학의 '영원'은 정적(靜的)이고 변화 없는 상태를 말하지만, 성경의 하나님은 살아 계시며 역사 속에서 동적(動的)으로 일하시는 분입니다.

따라서 성경의 '영원'은 단순한 철학 개념의 차용이 아니라, 오직 성경에서만 드러나는 독특한 계시라는 것입니다.

직선형인 성경의 시간관

한편 성경은 창조에서 새 창조(종말)로 이어지는 직선적이고 목적지향적인 시간관을 제시합니다. 따라서 "하나님이 시간을 초월하지 못하신다"라는 문제 제기는 성경의 본래 가르침이 아니라, 인간의 철학적·신학적 해석 과정에서 파생된 논란이라고 할 수 있습니다.

따라서 이 논란을 인간의 철학과 신학적 논리로 다시 해결하려 하기보다, 하나님이 인간들을 ① 하나님과 친밀한 관계, ② 하나님께 예배하는 존재, ③ 하나님과 동행하며 창조세계를 돌보는 존재로 삼기 위해 만드셨고,

> 하나님이 이르시되 우리의 형상을 따라 우리의 모양대로 우리가 사람을 만들고 그들로… 모든 것을 다스리게 하자 하시고, 하나님이 자기 형상 곧 하나님의 형상대로 사람을 창조하시되… (창 1:26~27)

그렇기 때문에 하나님은 시간을 초월하실 수도 있으시지만, 그것을 드러내는 방식이 아니라, 역사 속에서 언약을 이루시는 방식을 택하셨다고 보는 것이 더 적절할 수 있을 것 같습니다.

그러므로 하나님은 시간을 초월할 수 있다는 것을 굳이 증명하지 않으셨고, 우리의 역사와 삶 속에 들어오셔서 언약을 맺고 구원을 이루시는 분으로 자신을 드러내셨습니다.

결국 중요한 것은 "하나님이 시간을 초월하실 수 있는가?"라는 물음보다, "나는 되돌릴 수 없는 이 시간 속에서 하나님의 뜻에 따라 제대로 살고 있는가?"라는 질문이 먼저 있어야 할 것입니다.

3.
사울도 선지자들 중에 있느냐?

성경의 기록 차이 사례로 종종 거론되는 것이 "사울도 선지자 중에 있느냐?"라는 구절입니다. 비평가들이 이렇게 말하는 이유는, 사무엘상 10장과 19장 모두에서 이 속담이 마치 그 사건에서 처음 만들어진 것처럼 기록되어 있기 때문입니다.

> 그 곳의 어떤 사람은 말하여… 그러므로 속담이 되어 이르되 사울도 선지자들 중에 있느냐 하더라 (삼상 10:12)
>
> …그러므로 속담에 이르기를 사울도 선지자 중에 있느냐 하니라 (삼상 19:24)

하지만 동일하거나 유사한 사건에 대해 표현이 다른 맥락에서 반복되어 사용되었다고 보는 것이 타당합니다.

사무엘상 10장은 사울이 처음 기름 부음을 받고 예언자들과 함께 예언한 사건을 기록하며, 이때 처음으로 "사울도 선지자들 중에 있느냐"라는 속담이 생겼고, 이후 사무엘상 19장에서 다윗을 잡으려던 사울이 하나님의 영에 사로잡혀 예언하게 되었을 때, 이 속담이 다시 인용된 것입니다.

그리고 이는 '이중 전승(二重 傳承)'[1]의 사례로도 이해할 수 있습니다. 성경의 다른 곳에서도 비슷한 반복 구조가 있습니다.

성경의 이중 전승 사례

성경에는 여러 차례 이중 전승 사례가 기록되어 있습니다.

① 아내를 누이라고 한 사례; 아브라함과 이삭

내용이 매우 비슷하고 세 번이나 반복되어 학자들은 유사한 전승이 세 갈래로 보존된 경우로 설명하고 있습니다.

> …아브람이 애굽에 거류하려고… 원하건대 그대는 나의 누이라 하라… (창 12:10~13)
> 아브라함이… 그랄에 거류하며, 그의 아내 사라를 자기 누이라 하였으므로… (창 20:1~2)
> 이삭이 그랄에 거주하더니… 사람들이 그의 아내에 대하여 물으매 그가 말하기를 그는 내 누이라 하였으니… (창 26:6~7)

② 시내산과 모압평지의 십계명

시내산과 모압평지에서 받은 십계명의 내용은 거의 동일하게 기록되어

---

1) 같은 이야기가 두 번 기록된 현상

있지만, 안식일과 관련된 제4계명은 출애굽기에서는 '창조 중심'으로, 신명기에서는 '출애굽 중심'으로 안식일 준수의 이유가 다르게 기록되어 있습니다.

> 이는 엿새 동안에 나 여호와가… 모든 것을 만들고 일곱째 날에 쉬었음이라… (출 20:11)
> 너는 기억하라 네가 애굽 땅에서 종이 되었더니 네 하나님 여호와가… 너를 인도하여 내었나니… 네게 명령하여 안식일을 지키라 하느니라 (신 5:15)

③ 홍해와 요단강 도하

하나님이 이스라엘을 구원하시기 위해 '물길을 열어 주시는' 기적이 두 번 등장합니다. 요단강 도하가 홍해의 전승을 반영하고 반복하는 구조로 볼 수 있습니다.

> 모세가 바다 위로 손을 내밀매… 물이 갈라져 바다가 마른 땅이 된지라 (출 14:21)
> …요단 물 곧 위에서부터 흘러내리던 물이 끊어지고 한 곳에 쌓여 서리라 (수 3:13)

④ 다윗이 사울을 살려 주는 내용

다윗은 엔게디 광야에 있는 굴에서 사울의 겉옷 자락만 베었고(삼상 24:1~4), 십 광야에서도 사울의 머리 곁에서 창과 물병만을 가지고 나와

(삼상 26:11~12), 다윗이 사울을 죽일 수 있었지만 기름받은 사울을 함부로 죽이지 못하는 이야기가 모두 기록되어 있습니다.

이외에도 히스기야 개혁(왕하 18~20장, 대하 29~32장)과 요시야 개혁(왕하 22~23장, 대하 34~35장)처럼 동일한 사건이 강조점과 세부 사항이 다르게 기록되는 경우도 있습니다.

또한 신약의 4복음서 역시 같은 사건을 각각 다른 배치와 구성을 통해 전하고 있습니다.

따라서 "사울도 선지자 중에 있느냐"라는 속담이 두 번 나오는 것을 두고 성경이 서로 모순된다는 주장은 적절하지 않습니다. 성경 안에서 동일한 이야기나 표현이 반복적으로 기록되는 일은 흔하고, 전승을 보존하는 성경의 특성이라고 보는 것이 타당하기 때문입니다.

그러므로 이런 문제를 이유로 성경의 권위를 흔들려할 필요는 없습니다. 오히려 우리는 이와 같은 본문을 통해 하나님께서 역사를 반복 속에서도 일관되게 이끌어 가시는 모습을 확인하게 됩니다.

성경은 작은 차이에도 불구하고 결코 흔들리지 않는 하나님의 말씀입니다. 그러므로 오늘날 신앙인들은 사소한 시비나 억지 주장에 휘둘리지 않고 오히려 더욱 담대하게 말씀을 신뢰하며 흔들림 없는 믿음을 지켜야 합니다.

4.
이 세대가 지나가기 전에 다 이루리라?

신약성경에는 "예수님의 재림이 곧 있을 것이고, 그 세대 안에 완성될 것이다"라고 볼 수 있는 구절들이 여러 군데 있습니다. 하지만 2천 년이 지난 지금까지 재림이 이루어지지 않았다는 점에서 '예언 실패' 또는 '성경 불신'의 논거로 자주 제기되기도 합니다.

> 진실로 너희에게 이르노니 여기 서 있는 사람 중에 죽기 전에 인자가 그 왕권을 가지고 오는 것을 볼 자들도 있느니라 (마 16:28)
> 내가 진실로 너희에게 말하노니 이 세대가 지나가기 전에 이 일이 다 일어나리라 (마 24:34)
> 또 그들에게 이르시되 내가 진실로 너희에게 이르노니 여기 서 있는 사람 중에는 죽기 전에 하나님의 나라가 권능으로 임하는 것을 볼 자들도 있느니라 하시니라 (막 9:1)
> 내가 참으로 너희에게 이르노니 여기 서 있는 사람 중에 죽기 전에 하나님 나라를 볼 자들도 있느니라 (눅 9:27)

하지만 기독교 해석 전통에서는 이를 몇 가지 다른 방향으로 이해합니다.

전통적 해석 — '목격'의 범위

예수님 말씀에서 "죽기 전에 본다"는 것이 꼭 "최종 재림 사건 전체"를 뜻한다고 보지 않는 경우입니다.

마태복음 16:28절의 바로 다음 장인 17장에서 예수님의 변화산 사건이 등장합니다. 이때 같이 산에 올랐던 베드로·야고보·요한은 예수님의 영광스러운 모습을 미리 보았습니다. 그 세 사람은 "죽기 전에 볼 것이라"는 예수님의 예언을 직접 본 것입니다.

> 엿새 후에 예수께서 베드로와 야고보와 그 형제 요한을 데리시고 따로 높은 산에 올라가셨더니, 그들 앞에서 변형되사 그 얼굴이 해 같이 빛나며 옷이 빛과 같이 희어졌더라, … 홀연히 빛난 구름이 그들을 덮으며 구름 속에서 소리가 나서 이르시되 이는 내 사랑하는 아들이요 내 기뻐하는 자니 너희는 그의 말을 들으라 하시는지라, 제자들이 듣고 엎드려 심히 두려워하니, 예수께서 나아와 그들에게 손을 대시며 이르시되 일어나라 두려워하지 말라 하시니 (마 17:1~7)

그리고, "인자가 왕권을 가지고 올 것"이라는 것은 부활·승천·오순절 성령강림 등으로 해석될 수도 있습니다. 그 세대 안에서 실제로 목격된 것이므로 예수님의 말씀대로 이루어졌다고 볼 수 있습니다.

> 그가 여기 계시지 않고 그가 말씀 하시던 대로 살아나셨느니라… (마

28:6)

주 예수께서 말씀을 마치신 후에 하늘로 올려지사 하나님 우편에 앉으시니라 (막 16:19)

오순절 날이 이미 이르매… 그들이 다 성령의 충만함을 받고… (행 2:1~4)

그리고 신학자들은 마태복음 24장을 예루살렘 멸망과 연결하기도 합니다. 즉, 마태복음 24장에 등장했던 '이 세대'는 AD 70년 로마군에 의해 예루살렘 성전이 파괴되는 것을 보았고, 이 역시 예수님의 예언 성취로 이해될 수 있는 사건이라고 볼 수 있다는 것입니다.

그 때에 사람들이 너희를 환난에 넘겨 주겠으며 너희를 죽이리니… (마 24:9)

부분 성취와 미래 완성

여러 복음서 해석가들은 예수님의 말씀을 단기와 장기의 이중 구조로 이해합니다.

단기적으로는 위에서 언급된 변모, 부활, 성령 강림, 예루살렘 멸망 등으로 성취되고, 장기적으로는 최종 재림과 하나님 나라의 완전한 실현을 의미한다는 것입니다.

이 관점에서 보면 예언은 당시 이미 1차로 성취되었고, 그 완전한 성취(종말과 재림)는 아직 진행 중이라고도 볼 수 있습니다.

문자적·단선적 해석 시의 문제

따라서 예수님의 말씀을 "그 세대 안에 재림이 반드시 일어난다"라는 문자적·단선적 의미로만 해석하는 것은 적절하지 않습니다.

그럼에도 일부 자유주의 신학자는 예수님이 철저히 종말론적 선지자였으나, 종말은 오지 않아 예언은 실패했다고 주장하기도 하고, 실존주의 신학자 일부는 종말 사건을 역사적 사건이 아니라 개인의 실존적 결단으로 재해석하기도 했습니다.

그러나 초대교회부터 이 구절들을 그렇게만 읽지 않았고, 이미 부활과 성령 강림을 통해 "약속이 시작되었다"라고 보았습니다. 성경은 "죽기 전에 본다"라는 말을 반드시 최종 재림으로만 한정하지 않기 때문입니다.

예수님의 영광을 미리 보는 사건들[1]은 실제로 그 세대 안에서 성취되었습니다. 그리고 하나님 나라는 이미 시작되었으나, 아직 완성되지 않은 상태로 우리 앞에 있습니다.

---

1) 변모·부활·성령 강림·예루살렘 멸망 등

[표, 예수님의 '그 세대 안에 볼 것' 말씀 해석 비교]

구분	변모 사건	부활/승천/성령강림	예루살렘 멸망(AD 70)	미래 재림
마 16:28	이미 성취	이미 성취	-	미래 성취
마 24:34	-	이미 성취	이미 성취	미래 성취
막 9:1	이미 성취	이미 성취	-	미래 성취
눅 9:27	이미 성취	이미 성취	-	미래 성취

각 구절은 변모·부활·예루살렘 멸망 등 가까운 시기의 성취와 재림이라는 미래적 완성 해석이 함께 적용될 수 있습니다. 따라서 2천 년이 지난 지금도 그 말씀의 신학적 의미는 여전히 유지된다고 이해할 수 있습니다.

따라서 이 말씀은 예수님의 약속이 실패한 것이 아니라, 지금 우리도 이미 시작된 하나님 나라를 살아가고 있으며, 동시에 완성을 바라보는 소망 속에 있다는 것을 보여 줍니다.

5.
믿는 자도 최후 심판을 받는다?

성경에는 "믿는 자는 심판이나 정죄가 없다"라는 말씀과 "믿는 자도 심판대[1]에 선다"라는 서로 다른 것처럼 보이는 말씀이 있습니다.

① 믿는 자는 심판이나 정죄가 없다.

요한복음 5:24절과 로마서 8:1절에서는 믿는 자에게는 심판이나 정죄함이 없다고 기록되어 있습니다.

> …내 말을 듣고 나 보내신 이를 믿는 자는 영생을 얻었고 심판에 이르지 아니하나니… (요 5:24)
>
> …그리스도 예수 안에 있는 자에게는 결코 정죄함이 없나니 (롬 8:1)

여기서 '정죄'(katakrima)는 구원을 잃는 형벌적 심판을 뜻합니다. 즉, 예수님을 믿는 사람은 더 이상 지옥의 심판대에 서지 않습니다. 구원은 은혜로 확정된 것이기 때문입니다.

② 믿는 자도 심판대에 선다.

고린도전서 3:13~15절과 고린도후서 5:10절에는 믿는 자나 믿지 않는 자

1) 심판대(bēma): 드러남 · 평가 · 결산의 장

나 모두 최종적으로 하나님 앞에 서서 심판을 받게 된다고 기록하고 있습니다.

> 각 사람의 공적이 나타날 터인데 그 날이 공적을 밝히리니 이는 불로 나타내고 그 불이 각 사람의 공적이 어떠한 것을 시험[1]할 것임이라. 만일 누구든지 그 위에 세운 공적이 그대로 있으면 상을 받고, 누구든지 그 공적이 불타면 해를 받으리니 그러나 자신은 구원을 받되 불 가운데서 받은 것 같으리라 (고전 3:13~15)
> 이는 우리가 다 반드시 그리스도의 심판대 앞에 나타나게 되어 각각 선악간에 그 몸으로 행한 것을 따라 받으려 함이라 (고후 5:10)

믿지 않는 자는 죄에 대한 영원한 심판을 받고, 믿는 자는 구원은 얻되, 삶의 행위에 따라 상급과 책망이 있다는 말씀으로 볼 수 있습니다.

그러다 보니 성경이 서로 다른 기록을 하고 있다는 사례로 비평가들이 자주 언급하는 내용 중의 하나입니다.

고전 3장의 공적과 5장의 심판대

고린도전서 3:13~15절과 고린도후서 5:10절에 대해 신학자들은 여러 가

1) 시험(dokimazō): 진위를 가림

지 견해들을 제시하고 있습니다.

① 회개와 별도로 삶에 대한 책임은 심판을 받는다.

신학자들은 다윗의 사례를 들어 이를 설명하고 있습니다.

다윗은 우리아를 죽게 하고 그의 아내를 빼앗은 죄를 범하였습니다(삼하 12:9). 여호와는 다윗의 죄를 사하여 다윗을 죽지 않게 하셨지만 (삼하 12:13), "칼이 네 집에서 영원히 떠나지 아니하리라"(삼하 12:10)는 말씀대로 여러 차례 죄의 대가를 치르게 됩니다.

밧세바과의 아들이 죽고(삼하 12:18), 아들 압살롬이 다윗의 후궁들과 동침을 하고(삼하 16:22), 반역을 일으키고 죽기도 합니다(삼하 18:9~15).

이런 관점에서 어떤 목사님은 "죄를 짓는 것은 나무에 못을 박는 것과 같아서 못을 빼어 냈다고 하더라도 못 자국은 남는다"라는 식의 설교를 하기도 하십니다.

② 믿으면 구원을 받지만 상급이 다르다.

고린도전서 3:15은 믿는 자들의 구원은 분명히 보장되지만, 불이 지난 뒤 남는 것이 없으면 상급이 없다고 말합니다.

비유를 하자면 시험은 합격했지만 꼴찌로 합격했느냐, 아니면 우수한 성적으로 합격했느냐 정도의 차이라는 것입니다. 간신히 합격한 사람은 점수가 공개되는 순간 얼굴 붉힘이 있을 수 있다는 것입니다.

> …그가 강림하실 때에 우리로 담대함을 얻어 그 앞에서 부끄럽지 않게 하려 함이라 (요일 2:28)

그리고 상급의 차이를 비유적으로 설명하기도 합니다.

> 해의 영광이 다르고 달의 영광이 다르며 별의 영광도 다른데 별과 별의 영광이 다르도다 (고전 15:41)

많은 신학자들은 이것이 천국에서 누리는 영광의 차이를 뜻한다고 해석하기도 합니다.

회개와 상급에 대한 성경의 다른 기록

어쩌면 하나님의 뜻을 인간의 논리와 기준으로 가늠하려 한다는 것이 더 많은 혼란을 가져오는 것 같습니다. 성경을 더 묵상하고 공부해야 되는 이유일 것입니다.

① 성경은 죄를 기억도 하지 않겠다고 기록하고 있습니다.

> …다시는 그 죄를 기억하지 아니하리라 여호와의 말씀이니라 (렘 31:34)

내가 그들의 불의를 긍휼히 여기고 그들의 죄를 다시 기억하지 아니하리라 하셨느니라 (히 8:12)

그리고 회개하면 눈과 같이 희게 하신다고 기록하고 있습니다.

…너희의 죄가 주홍 같을지라도 눈과 같이 희어질 것이요 진홍 같이 붉을지라도 양털 같이 희게 되리라 (사 1:18)

② 천국에서는 하나님의 자녀로 완전한 행복을 누린다고 성경은 가르치고 있습니다.

모든 눈물을 그 눈에서 닦아 주시니 다시는 사망이 없고 애통하는 것이나 곡하는 것이나 아픈 것이 다시 있지 아니하리니 처음 것들이 다 지나갔음이러라 (계 21:4)

이기는 자는 이것들을 상속으로 받으리라 나는 그의 하나님이 되고 그는 내 아들이 되리라 (계 21:7)

천국에서 상급을 받는 자와 받지 못하는 자가 있다는 견해와 상충 관계가 생기게 됩니다.

구원과 심판에 대한 성경의 가르침

그러므로 "믿는 자는 심판이나 정죄가 없다"라는 말씀과 "믿는 자도 심판대에 선다"는 말씀이 서로 다른 말씀인지에 대한 고민은 결국 성경에서만 그 답을 찾을 수 있을 것입니다.

① 구원은 은혜로 확정됩니다.

> … 내 말을 듣고 또 나 보내신 이를 믿는 자는 영생을 얻었고 심판에 이르지 아니하나니 사망에서 생명으로 옮겼느니라 (요 5:24)
> 너희는 그 은혜에 의하여 믿음으로 말미암아 구원을 받았나니 이것은… 하나님의 선물이라, 행위에서 난 것이 아니니 이는 누구든지 자랑하지 못하게 함이라, …이 일은 하나님이 전에 예비하사 우리로 그 가운데서 행하게 하려 하심이니라 (엡 2:8~10)

② 지금의 삶이 심판의 대상입니다.

달란트 비유(마 25장)는 주인이 돌아오기 전, 이 땅에서의 삶을 다루는 말씀입니다. "주인이 오실 날을 기다리며, 그 기간을 어떻게 무엇을 하며 살았느냐"가 심판의 기준입니다.

그리고 고전 3:13~15절은 일반 신자들에 대한 적용도 물론 가능하겠지만, 주로 고린도 교회의 사역자들을 1차적으로 겨냥한 말씀입니다(고전 3:10~11).

따라서 "지금 어떻게 교회 공동체의 터를 닦고 가르침의 질을 높이려는 노력을 하고 있는가"에 더 초점이 있다고 볼 수 있습니다.

그러므로 바울이 말하는 '공적'은 서로를 비교하거나 계급화하는 차이가 아니라, 각자 하나님과 맺은 관계에 따른 고유한 영광이라고 이해하는 것이 더 적절할 것입니다.

③ 마지막 순간까지 깨어 있어야 합니다.

구원은 은혜로 확정되었지만, 동시에 죽는 순간까지 하나님의 말씀을 순종하고 근신하며 살아야 된다고 성경은 가르치고 있습니다.

> 그러나 끝까지 견디는 자는 구원을 얻으리라 (마 24:13)
>
> 그런즉 깨어 있으라 너희는 그 날과 그 때를 알지 못하느니라 (마 25:13)
>
> 근신하라 깨어라 너희 대적 마귀가 우는 사자 같이 두루 다니며 삼킬 자를 찾나니 (벧전 5:8)

④ 최종적인 상은 천국과 영생입니다.

성경은 마지막 상급으로 하나님이 주시는 영생과 새예루살렘에서의 충만한 위로를 가르치고 있습니다.

> 죄의 삯은 사망이요 하나님의 은사는 그리스도 예수 우리 주 안에 있는 영생이니라 (롬 6:23)
>
> 모든 눈물을 그 눈에서 닦아 주시니 다시는 사망이 없고 애통하는 것이나

곡하는 것이나 아픈 것이 다시 있지 아니하리니 처음 것들이 다 지나갔음 이러라 (계 21:4)

결론적으로, "믿는 자는 심판이나 정죄가 없다"는 말씀과 "믿는 자도 심판대 앞에 선다"는 말씀은 서로 모순되지 않습니다. 전자는 구원의 확실성을 말하는 것이고, 후자는 구원받은 자의 삶에 대한 하나님의 평가를 말하는 것입니다.

구원은 하나님의 은혜로 값없이 주어진 선물이지만, 동시에 그 은혜에 합당하게 오늘을 살아가라는 하나님의 부르심이기도 합니다. 그러므로 우리의 일상은 구원받은 자답게 살아가는 증거이며, 장차 하나님 앞에 드릴 열매가 됩니다.

우리는 이 은혜와 책임 사이에서 두려움에 매이지 않고, 담대히 서되 부끄럽지 않은 삶을 준비하며 나아가야 합니다.

6.
칼에 대한 이중적 태도

예수님께서 십자가 고난을 앞두고 제자들에게 "검 없는 자는 겉옷을 팔아 살지어다"(눅 22:36)라고 하셨다가, 곧이어 베드로가 칼을 쓰자 "칼을 가지는 자는 다 칼로 망하느니라"(마 26:52)고 꾸짖으시는 부분은, 예수님의 태도에 일관성과 신뢰성이 없다는 이유로 비평가들이 문제와 비판을 제기하는 부분 중의 하나입니다.

누가복음 22장의 칼

예수님이 제자들을 전도 사역에 처음 내보내실 때, 그들에게 아무것도 가져가지 말라고 말씀하셨습니다.

> 이르시되 여행을 위하여 아무 것도 가지지 말라 지팡이나 배낭이나 양식이나 돈이나 두 벌 옷을 가지지 말며 (눅 9:3).

실제로 제자들은 부족함을 겪지 않았습니다(눅 22:35). 주님이 친히 동행하시고 보호하셨기 때문입니다. 그런데 십자가를 앞두신 예수님은 전대, 배낭 심지어 칼까지 준비하라고 말씀하십니다.

그들에게 이르시되 내가 너희를 전대와 배낭과 신발도 없이 보내었을 때에 부족한 것이 있더냐 이르되 없었나이다, 이르시되 이제는 전대 있는 자는 가질 것이요 배낭도 그리하고 검 없는 자는 겉옷을 팔아 살지어다, … 불법자의 동류로 여김을 받았다 한 말이 내게 이루어져야 하리니… 주여 보소서 여기 검 둘이 있나이다 대답하시되 족하다 하시니라 (눅 22:35~38)

"아무 것도 준비하지 말라"와 "준비하라"는 말씀도 모순처럼 보이는데, 심지어 칼까지 준비하라고 하십니다. 그래서 어떤 이는 이때의 칼을 '여행용 도구'라 하기도 하고, 또 어떤 이는 '자기방어용 무기'라 하기도 하고, 심지어는 '로마에 대항하여 혁명을 준비하라'는 것이나, '불법자처럼 보이기 위한 수단'이라는 주장을 하기도 합니다.

하지만 예수님이 제자들과 칼과 관련된 대화를 마치신 이후 감람산에 기도하러 올라가시는 모습으로 연결되는 것으로 볼 때, 이것은 무기 사용 지침이 아니라 새로운 시대가 도래했음을 알리는 상징적 언어로 보는 것이 타당할 것입니다.

예수께서 나가사 습관을 따라 감람 산에 가시매… 기도하라 하시고 (눅 22:39~40)

예수님은 불법자들과 같이 십자가에 달리실 것을 말씀하셨고(눅 22:37, 사 53:12), 이후로는 제자들 역시 더 이상 세상으로부터 환영받지 못할 수 있다는 걱정과 우려를 표시하신 것으로 볼 수 있기 때문입니다.

그러므로 “아무 것도 준비하지 말라”와 “준비하라”는 말씀의 차이는 예수님이 계실 때는 예수님이 제자들을 보호해 주셨지만, 예수님이 승천하신 이후에는 제자들이 스스로를 보호해야 된다는 의미일 수 있습니다.

그런데 여기서 또 다른 질문이 생기게 됩니다. 왜냐하면 예수님은 또 다른 보혜사이신 성령을 보내 주신다고 약속하셨는데 그렇다면 “예수님의 보호와 성령의 보호에 차이가 있다는 것인가”라는 것입니다.

> 내가 아버지께 구하겠으니 그가 또 다른 보혜사를 너희에게 주사 영원토록 너희와 함께 있게 하리니 (요 14:16).

여기에 대해 성경은 예수님과 성령의 능력 차이가 아니라, 말세가 다가올수록 세상이 더 악해지기 때문이라고 설명하고 있습니다.

> …말세에 고통하는 때가 이르러… 경건의 모양은 있으나 경건의 능력은 부인하니… (딤후 3:1~5)
>
> 불법이 성하므로 많은 사람의 사랑이 식어지리라 (마 24:12)
>
> 이는 그 때에 큰 환난이 있겠음이라… (마 24:21)

그래서 예수님은 제자들에게 더욱 철저히 깨어 준비하라는 명령을 하신 것으로 볼 수 있습니다.

그런데 제자들은 이 말씀을 잘못 해석하여 실제로 칼 두 자루를 가져왔습니다. "주여 보소서 여기 검 둘이 있나이다"(눅 22:38). 그때 예수님이 대답하신 말씀이 바로 "족하다"였습니다.

이는 칼 두 자루가 실제로 충분하다는 뜻이 아니라, "너희가 여전히 내 뜻을 이해하지 못하는구나, 이제 그만하자"라는 대화 종결의 의미로 보는 것이 가장 자연스럽습니다. 실제로 신명기에도 비슷한 사례가 있습니다.

> 여호와께서… 내게 이르시기를 그만해도 족하니 이 일로 다시 내게 말하지 말라 (신 3:26)

예수님은 제자들의 오해를 그대로 두셨고, 예수님은 십자가 수난, 부활, 승천, 성령 강림 등을 통해 그 진의를 스스로 깨닫게 하셨습니다.

> 그러므로 하나님의 전신 갑주를 취하라… 구원의 투구와 성령의 검 곧 하나님의 말씀을 가지라 (엡 6:13~17)
> 하나님의 말씀은… 좌우에 날선 어떤 검보다도 예리하여… (히 4:12)

결국 누가복음 22장에서의 말씀의 핵심은 "세상은 더 악해질 것이니 성령 안에서 말씀으로 무장하라"라는 것으로 요약될 수 있을 것입니다.

> …세상에서는 너희가 환난을 당하나 담대하라 내가 세상을 이기었노라 (요 16:33)

마태복음 26장의 칼

대제사장들과 백성의 장로들이 보낸 큰 무리가 예수님을 잡으러 온 상황에서(마 26:47), 베드로가 칼을 빼어 대제사장의 종 말고의 귀를 자르자(마 26:51, 요 18:10), 예수님은 "칼을 도로 칼집에 꽂으라. 칼을 가지는 자는 다 칼로 망하느니라"(마 26:52)라고 말씀하십니다.

"칼로 망한다"는 말씀은 단순한 윤리 명제가 아니라, 하나님의 나라가 무력으로 세워지지 않는다는 것으로, 무력으로 메시아 왕국을 세울 수 있다는 제자들의 오해를 완전히 차단하신 것입니다.

동시에 "이런 일이 있으리라 한 성경"(마 26:54)과 "선지자들의 글을 이루려 함"(마 26:56)이라는 말씀을 하시면서 구속사적 필연성을 강조하시고 계십니다. 즉, 십자가 사건은 무력으로 막을 수 없는 하나님의 구속 계획이라는 뜻입니다.

또한 "내 아버지께 구하여 지금 열두 군단 더 되는 천사를 보내시게 할 수 없는 줄로 아느냐"(마 26:53)라고 하시면서, 칼이 없어서 잡히신 게 아니라, 하나님의 뜻에 순종하셨기 때문에 잡히신 것임을 분명히 하셨습니다.

결국 마태복음 26장에서의 칼은 무력적 혁명과 자기 구원의 상징으로 '세상의 방식'으로 문제를 해결하려는 것이었고, 예수님은 이를 거부하시고, 십자가의 방식으로 구원을 이루신 것입니다.

따라서 마 26:52절은 하나님의 나라가 결코 폭력과 무력으로 세워지지 않음을 선언하신 것입니다. 십자가는 무력으로 지킬 수 있는 사건이 아니라, 오직 하나님의 뜻에 대한 순종으로 완성되는 사건이라는 것입니다.

그 외의 칼들

성경에는 누가복음 22:36절과 마태복음 26:52절의 칼 이외에도 다른 칼들이 있습니다.

예수님은 복수와 보복의 칼은 금하셨지만, 성경 전체를 보면, 자기 보호를 위한 최소한의 방어나 공동체의 안전을 지키기 위한 무기 사용까지 완전히 배제하지는 않습니다.

예를 들어, 느헤미야 시대에 성을 건축하는 자들과 짐을 나르는 자들은 "한 손으로 일을 하며 한 손에는 병기를 잡았는데"(느 4:17~18)라고 기록되어 있습니다. 이는 공격이 아니라 외부의 위협에 맞선 방어 태세였습니다.

또한 성경은 가정을 지키는 것을 하나님의 뜻 안에 두셨습니다. 가정을 위협하는 폭력에 맞서 최소한의 방어를 행하는 것은 단순한 사적 보복과 다르게 볼 수 있습니다.

누구든지 자기 친족 특히 자기 가족을 돌보지 아니하면 믿음을 배반한 자

요 불신자보다 더 악한 자니라 (딤전 5:8)

하지만 성경은 이런 방어 차원의 무기 사용조차도 하나님의 뜻으로 일반화하거나 정당화하는 것을 경계하라고 가르치고 있습니다. 예수님은 "화평하게 하는 자는 복이 있나니"(마 5:9)라고 하셨고, 바울도 "모든 사람과 더불어 화목하라"(롬 12:18)고 권면하고 있기 때문입니다.

한편 성경은 국가의 역할을 인정합니다. 국가는 하나님께서 위임하신 질서의 수호자로, 폭력과 억압을 억제하고 국민을 보호하는 사명을 가집니다. 구약에서도 하나님은 이스라엘 공동체를 세우실 때 재판 제도와 방어 체계를 주셨습니다(신 16~20장).

이는 개인적인 칼이 아니라, 공적으로 허락된 칼의 역할이었습니다. 따라서 국가의 칼은 성경적으로 볼 때 정의 실현과 질서 유지를 위해 하나님이 위임하신 정당한 권세로 이해할 수 있습니다.

> 그는 하나님의 사역자가 되어 네게 선을 베푸는 자니라 그러나 네가 악을 행하거든 두려워하라 그가 공연히 칼을 가지지 아니하였으니 곧 하나님의 사역자가 되어 악을 행하는 자에게 진노하심을 따라 보응하는 자니라 (롬 13:4)

성경에서의 칼

성경에서 "칼"은 단일한 의미를 갖고 있지 않습니다.

① 누가복음 22장에서의 칼은 "세상은 더 악해질 것이니 깨어 준비하라"는 의미로, ② 마태복음 26장에서는 "그러나 그 준비는 결코 폭력으로 십자가를 막는 방식이어서는 안 된다"는 의미로, ③ 로마서 13장에서는 "하나님께서 맡기신 공권력과 공동체의 정당한 방어를 위해서는 사용할 수도 있다"라는 의미로 성경은 서로 다른 가르침을 주고 계신 것입니다.

따라서 이 시대 우리에게 필요한 것은 "성령의 검 곧 하나님의 말씀"(엡 6:17)입니다. 성령께서 오늘도 살아 역사하고 계시다는 말씀을 붙잡고 담대히 믿음으로 오늘을 살아가야 할 것입니다.

7.
의심과 질문에 대한 서로 다른 기록

요한복음 20:29절에는 "보지 못하고 믿는 자들은 복되도다"라는 말씀이 기록되어 있습니다. 실제로 일부 목회자들은 이 구절을 "무조건 믿어라, 의심을 갖지 마라"는 용도로 사용하기도 하십니다.

반면에 성경은 의심과 질문을 통한 말씀 증거도 여러 곳에서 보이고 있습니다. 아브라함[1]도, 욥[2]도, 시편의 여러 기자[3]들도 하나님께 의심과 질문을 표시하였습니다.

그러다 보니 성경은 '의심과 질문을 허용하는 것인지, 아니면 믿음을 강조하며 의심을 배제하는 것인지'에 대해 서로 다르게 기록된 것처럼 보일 수도 있습니다.

요한복음 20:29절

부활하신 예수님을 보았다는 다른 제자들의 증언에 대해 도마는 "보지 않

---

1) 창 15:2, 15:8, 18:23
2) 욥 3:11, 욥 3:23, 욥 7:17~18, 욥 9:22~24, 욥 13:23~24, 욥 21:7, 욥 23:3~4
3) 시 10:1, 시 22:1, 시 42:9, 시 44:23~24, 시 74:1, 시 88:14

고는 믿지 아니하겠노라"(요 20:25)고 했습니다. 이에 예수님은 도마에게 실제로 나타나셔서 상처를 보여 주셨고, 도마는 "나의 주님이시요 나의 하나님이시니이다"(요 20:28)라고 고백합니다.

그때에 예수님은 "너는 나를 본 고로 믿느냐, 보지 못하고 믿는 자들은 복되도다"(요 20:29)라고 하셨습니다.

하지만 그 과정에서 예수님은 도마의 의심을 전혀 꾸짖지 않으셨고, 검증할 기회까지 주셨습니다. 결국 이 과정은 직접 눈으로 확인해야만 믿으려는 태도를 넘어서, 간접적인 증거와 약속을 믿으라는 말씀으로 이해될 수 있습니다.

요한복음 20:29절에서 '복되다'라는 말은 단순히 세상적인 행복을 뜻하는 것이 아니라, 하나님과의 관계 안에서 누리는 은혜로운 상태를 말합니다. 또 "보지 못하고도"라는 표현은 아무런 증거 없이 믿는다는 뜻이 아니라, 눈으로 직접 보지는 못했지만 주어진 말씀과 증언을 신뢰하는 믿음을 가리킵니다.

결국 이 말씀은 맹목적인 믿음을 칭찬하는 것이 아니라, 하나님의 약속과 증언을 신뢰하는 믿음을 귀하게 여기신다는 의미로 이해할 수 있습니다.

예수님은 당신의 죽음과 부활에 대해 여러 차례 제자들에게 전달하셨습니다. 따라서 "아무 근거 없이 무조건 믿어라"는 뜻이 아니었던 것입니다.

만일 이 구절을 절대복종 명령처럼 해석하면, '보지 않고 믿어야 한다'는 식의 권위주의로 변질됩니다. 이는 신앙의 성숙을 방해할 뿐 아니라, 성도들의 마음에는 더 많은 의심과 갈증이 생기는 원인이 되기도 합니다.

이런 공백이 이단이나 잘못된 가르침에 노출될 위험을 높이기도 합니다. 실제로 이단에 빠졌다 돌아온 분들의 증언이 이런 사실을 뒷받침해 주고 있습니다.

- "기존 교회에선 질문을 해도 대답을 못 해줬어요."
- "목사님 설교는 항상 똑같고, 성경 공부가 없었어요."
- "이곳(이단)에서는 정말 성경을 공부하는 것 같았어요."

의심을 통한 더 깊은 확신

앞에서 언급된 아브라함, 욥, 시편 기자들, 도마의 사례 외에도 다양한 의심과 질문의 사례들이 성경에는 기록되어 있습니다. 그리고 그러한 의심과 질문들을 통해 더 깊은 신앙적 확신을 얻게 됩니다.

① 제자들의 질문

- "천국에서는 누가 큰 자니이까?"(마 18:1, 다수의 제자)
  → 제자들이 서열 문제를 물었을 때, 예수님은 어린아이와 같은 겸손을 가르치셨습니다.

- "주여, 주께서 어디로 가시는지 우리가 알지 못하거늘 그 길을 어찌 알겠사옵나이까?"(요 14:5, 도마)
  → 예수님은 "내가 곧 길이요 진리요 생명이니"(요 14:6)라는 대답을 주셨습니다.

- "주여, 아버지를 우리에게 보여 주옵소서 그리하면 족하겠나이다" (요 14:8, 빌립)
  → 예수님은 "나를 본 자는 아버지를 보았다"(요 14:9)라고 응답하셨습니다.

② 세례 요한의 의심

- "오실 그이가 당신이오니이까 우리가 다른 이를 기다리오리이까?"(마 11:3)
  → 세례 요한은 감옥에 갇힌 상태에서 예수님의 사역에 의문을 품었고, 예수님은 기적과 복음 전파를 근거로 확신을 주셨습니다.

③ 마리아의 질문

- "나는 남자를 알지 못하니 어찌 이 일이 있으리이까?"(눅1:34, 예수님 탄생 예고 시)
  → 마리아의 질문은 단순한 불신이 아니라 이해를 구하는 질문이었고, 천사가 자세히 설명해 주었습니다.

④ 예수님의 부활에 대한 제자들의 의심

- "그들의 말이 허탄한 듯이 들려 믿지 아니하나" (눅 24:11, 여인들의 빈 무덤 소식을 제자들이 처음에 믿지 않음)
- "예수를 뵈옵고 경배하나 아직도 의심하는 사람들이 있더라"(마 28:17)

→ 도마만 예수님의 부활을 의심했던 것이 아니었습니다.

신약에서 나타나는 질문과 의심들은 ① 좀 더 알고 이해하고 싶은 욕구의 표시, ② 확신을 구하기 위한 질문들이라고 요약될 수 있습니다.

이런 질문과 의심에 대해 예수님은 책망보다는 설명, 증거 제시, 더 깊은 가르침을 행하셨습니다. 신약에서도 질문과 의심은 억제되지 않았고, 오히려 계시를 더 분명히 드러내는 계기가 되었다는 것입니다.

보지 못하고 믿는 자들은 복되도다

요한복음 20:29절은 맹목적 믿음을 요구하는 구절이 아니라, 직접 보지 못해도 하나님의 말씀과 이미 주어진 증거를 신뢰하는 믿음이 복되다는 뜻으로 볼 수 있습니다.

이 구절은 신앙의 확신이 반드시 직접 체험에만 의존하지 않아도 된다는 격려인 것입니다.

따라서 교회가 이 구절을 사용할 때는 “무조건 믿어라”가 아니라, “이미 하나님이 주신 증거와 약속을 신뢰하는 태도”로 풀어내는 것이 성경 본래의 의미에 가까울 수 있습니다.

성경은 검증, 질문, 확인이라는 건강한 신앙의 모습을 통해 확신과 신앙적 성장이라는 과정을 보여 주고 있기 때문입니다.

결론적으로 성경은 건강한 질문과 검증을 믿음의 성숙 과정으로 인정하고 있습니다. 따라서 교회와 성도는 질문을 두려워할 필요가 없습니다. 질문은 신앙을 무너뜨리는 것이 아니라, 오히려 더 깊은 확신과 성숙으로 나아가게 하는 통로가 됩니다.

8.
양면성을 가진 동물들과 인간

성경에는 인간을 포함하여 양면성을 가진 여러 동물들이 등장합니다. 비평가들은 이마저도 성경이 일관성 없는 기록이라고 이야기하기도 합니다.

실제로 성경에는 해석에 따라 양면성을 가진 것처럼 묘사되는 여러 동물들이 소개되고 있습니다. 대표적인 예로 뱀, 사자, 까마귀, 양, 비둘기, 개, 독수리, 그리고 인간이 그 대상이 되고 있습니다.

동물들의 양면성

앞에서 거론된 동물들에 대해 성경은 모두 긍정적인 면과 부정적인 면을 기록하고 있습니다.

① 뱀: 사탄인가, 구원인가?

창 3장에서 뱀은 인간을 유혹하여 타락하게 한 존재이며, 요한계시록은 그를 "옛 뱀 곧 마귀"(계 12:9, 20:2)로 규정하고 있습니다.

반면에 "뱀에게 물린 자가 놋뱀을 쳐다 본즉 살더라"(민 21:9)는 말씀처럼 생명을 주기도 하며, 요한복음 3:14절에서는 십자가와 연결되기도 합니다. 그리고 예수님은 “뱀 같이 지혜롭고 비둘기 같이 순결하라”(마 10:16)는 긍정적 비유를 사용하기도 하셨습니다.

② 사자: 사탄인가, 메시아인가?

“마귀가 우는 사자 같이”(벧전 5:8)라고 표현하며 사탄의 파괴적 이미지로 사용되기도 하고, “유대 지파의 사자 다윗의 뿌리가 이겼으니”(계 5:5)처럼 메시아 예수의 권능을 표현하기도 하였습니다.

③ 까마귀: 부정한 새인가, 하나님의 도구인가?

까마귀는 “가증히 여길 것은 까마귀 종류”(레 11:13~15)라 하여 율법에서 부정한 짐승으로 규정되었습니다. 또한 노아가 방주에서 내보낸 까마귀는 땅의 물이 마르기까지 이리저리 날아다녔을 뿐 돌아오지 않았다고 기록되어 있어(창 8:7), 성경 안에서 부정적이고 불길한 이미지를 지닌 존재로 자리매김하게 되었습니다.

하지만 열왕기상에서는 “엘리야를 먹이는 새”(왕상 17:4)로 긍정적인 이미지로 기록되기도 하였습니다.

④ 양: 하나님의 백성인가, 길 잃은 존재인가?

양은 대체로 “하나님의 백성”(시 100:3), “보호받는 무리”(요 10:11, 14), “귀한 어린 양”(사 40:11, 눅 15:4~7)처럼 긍정적 이미지를 가지고 있습니다. 하지만 때로는 길 잃고 미련한 존재로 묘사되기도 합니다[1].

⑤ 비둘기: 성령인가, 어리석음인가?

비둘기는 예수님의 세례 장면에서 "하나님의 성령이 비둘기 같이 내려"(마 3:16)라고 한 것처럼 성령을 상징하기도 하며, 노아의 홍수 이후에는 감람나무 새 잎사귀를 물고 온 사건(창 8:11)으로 인해 평화와 희망의 상징으로 자리매김하였습니다. 그러나 호세아 7:11절에서는 "지혜 없는 어리석은 비둘기"라는 표현처럼 부정적인 이미지로도 사용된 바 있습니다.

⑥ 개: 부정과 겸손

빌립보서 3:2절에서는 개는 "행악하는 자들"과 함께 요한계시록 22:15절에서는 "점술가, 음행하는 자, 살인자, 우상 숭배자, 거짓말을 좋아하며 지어내는 자"들과 같이 기록되어 있어 부정하고 더러운 존재로 취급받고 있습니다.

그러면서도 "개들도 제 주인의 상에서 떨어지는 부스러기를 먹나이다"(마 15:27)라는 말씀으로 겸손과 믿음의 모형으로 기록되기도 하였습니다.

⑦ 독수리: 보호인가, 심판인가?

"독수리 날개로 너희를 업어"(출 19:4), "새 힘을 얻으리니 독수리가 날개치며 올라감 같을 것"(사 40:31)이라고 성경은 기록하고 있어 독수리는 하

---

1) 사 53:6, 마 9:36, 마 10:6, 벧전 2:25

나님의 보호와 새 힘을 의미합니다.

반면에 "독수리가 날아오는 것 같이 너를 치러 오게 하시리니"(신 28:49), "먹이를 움키려 하는 독수리의 날음과 같으니라"(합 1:8)라는 말씀에서는 심판과 침략을 상징하기도 합니다.

⑧ 사람: 하나님의 형상과 죄인의 양면성

하나님의 피조물 가운데 가장 뚜렷한 양면성을 지닌 존재는 인간이라고 생각됩니다. 인간은 하나님 앞에서 존귀한 존재이면서(창 1:27; 시 8:4), 동시에 죄인이며 심판의 대상이고(창 6:5; 롬 3:23), 그리스도 안에서 새로운 피조물이 될 수 있는 존재이기도 합니다(고후 5:17). 이처럼 인간은 다양한 모습을 함께 지니고 있습니다.

양면성과 하나님의 섭리

성경에 나타나는 양면성은 혼란이나 모순의 결과가 아닙니다. 그것은 오히려 인간의 연약함과 하나님의 구원 계획을 함께 드러내는 하나님의 섭리입니다.

뱀, 사자…, 그리고 인간에 이르기까지, 때로는 긍정적으로 때로는 부정적으로 묘사된 모습은 한결같이 우리를 구원의 길로 이끄는 하나님의 손길을 보여 줍니다.

사도 바울이 말한 것처럼 “십자가의 도가 멸망하는 자들에게는 미련한 것이요 구원을 받는 우리에게는 하나님의 능력”(고전 1:18)이기 때문입니다.

같은 말씀이라도 어떤 이에게는 걸림돌이 되지만, 믿음으로 받아들이는 이에게는 생명의 길이 됩니다. 믿음의 시각에서 성경을 읽을 때, 우리는 다양한 기록 속에서도 변함없는 하나님의 뜻을 발견하게 됩니다.

성경은 역사적 다양성과 구속사적 일관성이라는 두 축을 따라 흐릅니다. 사람의 시각에서 볼 때는 차이와 불일치처럼 보일지라도, 하나님의 시각에서는 언제나 동일한 목적, 곧 인간을 구원하려는 뜻이 드러납니다.

“사람이 마음으로 자기의 길을 계획할지라도 그의 걸음을 인도하시는 이는 여호와”(잠 16:9)이시며, “성경은 능히 너로 하여금… 구원에 이르는 지혜가 있게 하느니라”(딤후 3:15)는 말씀이 그 확증입니다.

결국 성경의 다양한 기록과 양면성은 모순이 아니라, 오히려 하나님의 섭리의 깊이와 풍성함을 보여 주는 증거입니다.

> 예수 그리스도는 어제나 오늘이나 영원토록 동일하시니라 (히 13:8)

성경은 비판의 대상으로 머무는 책이 아니라, 우리를 하나님께로 이끄는 구원의 길잡이입니다.

9.
그리고… 불편한 기록들…

성경에는 오늘날의 윤리와 도덕 기준으로는 이해가 힘든 기록들이 있습니다. 비평가들은 이를 두고 '은혜의 성경'과 모순된다며 성경의 권위를 문제 삼기도 합니다.

불편한 기록들

성경 속의 불편한 기록들은 크게 여덟 가지 유형으로 나눌 수 있습니다.

① 폭력과 전쟁

가나안 정복과 아말렉 진멸, 전리품 분배와 같은 장면들은 하나님께서 학살을 명령하신 것처럼 보일 수 있습니다[1].

② 성적 문란

근친상간, 간음, 성폭력과 같은 사건들이 성경에 여러 차례 기록되어 있습니다[2].

---

1) 신 20:16~17, 삼상 15:3. 민 31장, 수 6:21

2) 창 35:22, 창 19:30~38, 창 38장, 삼하 11장, 삼하 16:21~22, 왕상 11:3, 삿 19장, 고전 5:1

③ 제사와 잔혹한 법

이삭을 번제로 바치라는 명령(창 22장), 입다가 딸을 번제로 바친 사건(삿 11:30~39), 피로 가득한 제사 규례(레 1~7장), 안식일을 범한 자를 돌로 처형한 사건(민 15:32~36), 부모를 저주한 자에 대한 사형 규정(레 20:9), 언약궤를 만진 웃사의 즉사 사건(삼하 6:6~7) 등은 오늘날의 시각으로는 이해하기가 어렵습니다.

④ 노예제와 차별

성경에는 노예제도를 허용하는 듯한 구절들이 있습니다[1]. 신약에도 "종들아 주인에게 순종하라"는 권면이 등장합니다[2]. 이러한 구절들은 역사 속에서 노예무역과 식민주의를 정당화하는 데 악용되기도 했습니다.

⑤ 여성 지위

여성의 상속권과 제사권은 제한되었고, 법정 증언은 무시되었습니다. 전쟁 포로나 강간 피해 여성의 권리도 보호받지 못했고[3], 신약에서는 여성의 침묵과 복종을 요구하는 듯한 구절도 있습니다[4].

⑥ 하나님의 질투와 편애

하나님이 스스로를 "질투하는 하나님"(출 34:14)이라 말씀하시고, "야곱은

---

1) 창 9:25~27, 출 21:20~21, 레 25:44~46

2) 엡 6:5, 골 3:22, 딛 2:9, 벧전 2:18

3) 신 21:10~14, 신 22:28~29

4) 고전 14:34~35, 딤전 2:11~12, 엡 5:22

사랑하고 에서는 미워하였다"(말 1:2~3, 롬 9:13)라는 표현이 성경에 기록되어 있습니다. 그리고 성경은 이스라엘만 선택받은 민족으로 강조하기도 합니다(신 7:6).

⑦ 신약 속 불편한 기록

예수님의 "거룩한 것을 개에게 주지 말라"(마 7:6), "자녀의 떡을 개들에게 던짐이 마땅하지 않다"(마 15:26)라는 말씀은 거북하게 들릴 수 있습니다. 이처럼 신약에도 오늘날의 기준으로는 불편하게 느껴지는 구절들이 있습니다.

⑧ 종말과 최후의 심판

요한계시록에는 불 못과 재앙의 장면이 반복되며[1], 예수님의 심판 비유에서도 양과 염소가 갈라지고 악한 종이 지옥불에 던져지는 모습이 등장합니다[2]. 이러한 장면들은 영원한 심판과 하나님의 사랑을 어떻게 이해해야 할지 고민하게 합니다.

시대 상황과 문명의 발전, 그리고 성경

이러한 불편한 기록들은 대부분 수천 년 전 고대 사회의 현실을 반영합니

1) 계 20:10, 계 21:8

2) 마 25:31~46, 살후 1:9

다. 따라서 오늘날의 기준으로 단순히 평가하는 것 자체가 무리일 수 있습니다.

그러므로 성경을 읽을 때는 시대 상황과 문명의 발전 속에서 하나님의 계시가 어떻게 점진적으로 드러나 왔는지를 같이 살펴보아야 합니다.

① 폭력에서 평화의 비전으로

"남녀노소를 다 진멸했다"는 표현은 고대 전쟁 문학에서 "완전한 승리"를 강조하기 위한 과장법(hyperbole)으로 이해할 수 있습니다. 실제로 여호수아의 전쟁 이후에도 가나안 족속이 여전히 존재했다는 기록이 성경에 남아 있습니다(삿 1:27 이하).

그리고 하나님이 가나안을 치라고 하신 이유는 "가나안 주민들이 악하기 때문"(신 9:4)이라고 성경은 분명히 말하고 있습니다.

더 나아가 성경은 "칼을 쳐서 보습을 만들고… 다시는 전쟁을 연습하지 아니하리라"(사 2:4)라고 기록하고 있고, 예수님도 "원수를 사랑하며 너희를 박해하는 자를 위하여 기도하라"(마 5:44)라고 명하심으로써 폭력의 논리를 사랑의 윤리로 바꾸셨습니다.

② 성적 문란에서 거룩한 몸과 마음으로

십계명은 "간음하지 말라"(출 20:14)고 명령하였고, 레위기는 근친상간을 금하였습니다(레 18:6~18). 예수님은 "음욕을 품고 여자를 보는 자마다 마음에 이미 간음하였느니라"(마 5:28)라고 하셨고, 바울은 "너희 몸은… 성령의 전"(고전 6:19)이라고 가르치고 있습니다.

③ 제사와 잔혹성에서 긍휼과 영적 예배로

예언자들은 "나는 인애를 원하고 제사를 원하지 아니하며"(호 6:6)라고 선포하였고, 같은 맥락에서 미가도 "정의를 행하며 인자를 사랑하며 겸손하게 네 하나님과 함께 행하는 것"(미 6:8)임을 강조하였습니다.

예수님 역시 "긍휼을 원하고 제사를 원하지 아니하노라"(마 9:13)고 말씀하셨습니다. 또한 사도 바울도 "너희 몸을 하나님이 기뻐하시는 거룩한 산 제물로 드리라"(롬 12:1)며 권면하였고, 히브리서는 "그리스도의 몸을 단번에 드리심으로… 우리가 거룩함을 얻었노라"(히 10:10), "한[1] 영원한 제사를 드리시고"(히 10:12)라고 증언하고 있습니다.

④ 노예제에서 해방과 평등으로

"흉악의 결박을 풀어주며 멍에의 줄을 끌러 주며 압제 당하는 자를 자유하게 하며"(사 58:6)라는 예언자의 외침은, "종이나 자유인이나… 다 그리스도 예수 안에서 하나이니라"(갈 3:28), "너희는 값으로 사신 것이니 사람들의 종이 되지 말라"(고전 7:23)는 가르침으로 이어지고 있습니다.

---

1) 다른 제사들과 구별되는 단 하나뿐인 제사(유일성)를 의미하며, 동시에 예수님의 희생 제사가 반복이나 추가가 필요 없는 단번에 드려진 완전한 제사(완전성)임을 강조

⑤ 여성: 억압과 차별에서 성령 안에서 동등한 주체로

민수기에는 슬로브핫 딸들의 상속이 인정되었다(민 27:8)는 기록이 있습니다.

그리고 요엘은 "내 영을 만민에게 부어 주리니 너희 자녀들이 장래 일을 말할 것이며"(욜 2:28)라 하였고, 사도행전은 그 성취를 기록하고 있습니다(행 2:17~18). 이 말씀은 성령의 은혜 앞에서는 남성과 여성, 주인과 종의 구분이 무의미해진다는 선언으로 차별적 전통을 넘어서는 하나님의 보편적 구원과 사역 참여의 근거가 됩니다.

또한 바울은 뵈뵈를 겐그레아 교회의 집사(롬 16:1)로 소개하였고, 브리스길라를 아굴라보다 먼저 언급하며(행 18:26, 롬 16:3) 교사로 존중하였습니다. 그리고 유니아를 사도들에게 존중을 받고 그리스도 안에 있는 인물로 기록하였으며(롬 16:7), "남자나 여자나 다 그리스도 예수 안에서 하나"(갈 3:28)라고 선포하였습니다.

따라서 바울이 여성의 침묵과 복종을 언급한 구절들은 하나님의 보편적 구원 원리를 제한하는 명령이라기보다, 당시 사회적·문화적 상황 속에서 교회의 위험을 줄이기[1] 위한 전략적 선택으로 이해하는 것이 타당할 것입니다.

---

1) 여성 권리의 급격한 증진으로 인해 비기독교 사회가 교회를 공격하거나 복음을 거부하지 않도록 하기 위한 방어 조치

⑥ 오해를 넘어 만민 구원으로

"질투하는 하나님"은 인간적인 시기심을 뜻하는 것이 아니라, 우상 숭배를 금지하고 언약적 충성(covenantal loyalty)[1]을 요구하시는 표현입니다. 또한 "야곱은 사랑하고 에서는 미워하였다"는 말씀은 하나님께서 야곱을 구속사의 계보로 택하시고, 에서를 그 역할에서 제외하셨다는 의미로 이해하는 것이 타당합니다. 따라서 이것을 하나님의 편애로 해석하기에는 한계가 있습니다.

더 나아가 하나님은 이스라엘 민족만을 사랑하신 것이 아닙니다. 성경은 "모든 이방인들로 주를 찾게 하려 함[2]"(행 15:17)이라고 기록하고 있고, 베드로도 "하나님은 사람의 외모를 보지 아니하시고 각 나라 중 하나님을 경외하며 의를 행사는 사람은 다 받으신다"(행 10:34~35)라고 증언합니다.

솔로몬도 성전 봉헌 기도에서 "이방인이 주께 부르짖는 대로 이루사"(왕상 8:43)라고 간구합니다.

따라서 하나님은 처음부터 구원의 계획을 열방 가운데 두셨으며, 이스라엘은 그 통로로 부름받았음을 알 수 있습니다.

---

1) 하나님께서 자신의 영광을 다른 신과 나누지 않으시며(사 42:8), 언약 백성이 오직 하나님만을 경외하고 섬기기를 요구하시는 것

2) 이는 아모스 9:12의 칠십인역 번역을 인용한 것으로, 초대 교회는 이를 이방 구원의 근거로 이해하였음

⑦ 처음부터 열려 있던 복음의 보편성

예수님은 수로보니게 여인과의 대화에서 당시 유대 사회의 통념과 일반적 시각으로 "자녀의 떡을 취하여 개들에게 던짐이 마땅하지 않다"(마 15:26)라고 말씀하셨습니다. 그러나 이는 진심이라기보다는, 그 여인의 믿음을 떠보기 위한 일종의 테스트였다고 보는 것이 적절할 것입니다.

여인은 겸손히 응답했고, 예수님은 곧바로 "네 믿음이 크도다 네 소원대로 되리라"(마 15:28) 하시며 응답하셨습니다. 이 사건 역시 구원이 처음부터 모든 민족에게 열려 있었음을 시사하고 있는 것으로 볼 수 있습니다.

⑧ 공포의 심판에서 위로와 소망의 심판으로

요한계시록의 불 못은 단순한 공포가 아니라 악의 세력이 종결됨을 보여줍니다.

심판은 억울한 자가 회복되고, 하나님의 정의가 드러나는 사건입니다. 동시에 "모든 눈물을 그 눈에서 닦아 주시니 다시는 사망이 없고 아픈 것이 다시 있지 아니하리라"(계 21:4)라는 약속처럼, 하나님의 백성에게는 위로와 소망입니다. 바울도 "하나님이 우리를 세우심은 노하심이 아니요 구원을 받게 하심이라"(살전 5:9)라고 증언하고 있습니다.

불편한 기록을 대하는 태도

성경은 체계적인 교리집이라기보다는, 하나님의 계시가 역사 속에서 기록된 책으로, 각 시대의 사회 환경과 문명의 발전 단계를 반영합니다. 그래서 고대 사회의 문화와 한계가 그대로 담겨 있어 오늘날 우리의 눈으로 보기에는 이해하기 어려운 부분도 존재합니다.

그러나 하나님의 본심은 언제나 자비와 정의였습니다. 하나님께서는 인간의 언어와 역사, 한계를 도구로 사용하셔서 계시하셨기 때문에 오늘날 우리에게는 낯설고 불편하게 보이는 부분도 남아 있지만, 그것조차 숨기지 않고 정직하게 드러내셨습니다.

동시에 하나님은 여러 부분과 여러 모양으로 말씀하시다가(히 1:1), 마지막에는 예수 그리스도 안에서 진정한 사랑과 평화, 자비를 궁극적으로 드러내셨습니다. 이것이 바로 점진적 계시입니다.

따라서 문제가 되는 것은 성경 자체가 아니라, 특정 구절을 붙잡아 노예제나 여성 억압 같은 현실을 정당화했던 인간들의 왜곡된 해석입니다. 그러나 동시에 성경을 바르게 이해한 신앙인들은 인권 운동과 노예 해방 운동을 주도하기도 했습니다.

그러므로 성경은 한 구절만 떼어내어 해석해서는 안 됩니다. 성경 전체와 구속사의 큰 흐름 속에서, 그리고 점진적 계시의 맥락 속에서 하나님의 본심을 읽어야 합니다. 불편한 기록까지 숨기지 않으신 것은 인간의 죄와 한계를 드러내는 동시에, 그 과정을 통해 우리를 성숙으로 이끄시는 하나님의 은혜입니다.

그리고 구약의 기록은 결코 무의미하지 않습니다. 오히려 인간이 얼마나 쉽게 죄에 빠질 수 있는지를 보여 주며, 동시에 하나님께 돌아가려는 갈망을 담고 있습니다. 또한 예배를 준비하는 경건한 마음, 하나님을 향한 절대적 순종과 헌신은 오늘 우리 시대에도 여전히 소중한 교훈입니다.

결론적으로 성경은 단순히 문자적으로만 읽어서는 안 됩니다. 기도로 지혜를 구하며 성령의 인도하심을 따라 읽어야 합니다. 불편한 본문 앞에서 낙심하거나 회피하지 않고 하나님의 손길을 구할 때, 우리는 여전히 우리와 함께하시는 하나님을 만나게 될 것입니다.

7부

성경 비평의 역사와 원인

1.
성경 비평의 역사

앞에서 살펴본 것처럼, 성경에는 다양한 불일치와 서로 다른 기록들이 있습니다. 앞에서 정리한 30여 개의 사례들은 성경 비평에서 자주 언급되는 대표적 사례들로, 학문적 논의의 대부분이 이 범주 안에 포함되어 있습니다.

따라서 성경 비평의 역사를 살펴본다는 것은, 서로 다른 기록과 차이에 대해 사람들이 시대마다 어떻게 질문했고, 또 어떤 방식으로 설명하거나 받아들였는지를 찾아가 보는 과정이라고 볼 수 있습니다.

고대와 중세의 초기 논의

유대 전통과 초기 교부 시대에도 성경 해석의 난점에 대한 논의가 있었습니다. 오리겐은 문자적 해석을 넘어 영적 의미를 강조했고, 아우구스티누스는 문자적 해석과 성경의 신학적 의미 사이의 관계를 탐구했습니다. 그러나 이 시기의 논의는 어디까지나 신학적·교리적 해석의 차원에 머물렀습니다. 오늘날 말하는 본격적인 의미의 '비평'은 아니었습니다.

근대 이전

16세기 르네상스와 종교개혁은 성경 비평을 위한 토대를 놓았습니다. 인문주의자들과 종교개혁자들은 성경 원문(히브리어·헬라어) 연구에 힘썼고, 루터와 칼뱅은 교회의 전통 해석을 넘어서 성경 자체를 원문과 맥락 속에서 읽고자 했습니다. 그러나 이들의 태도 역시 성경의 권위를 지키려는 전제 안에서 이루어졌기 때문에, 본격적인 '비평학'이라기보다는 그 전 단계로 이해할 수 있습니다.

현대적 성경 비평의 시작

17세기 후반에 들어서야 성경에 대한 본격적인 비평이 시작되었습니다.

리처드 사이먼[1]은 성경 본문이 다양한 전승과 편집의 결과임을 지적하며 문헌 비평의 기초를 놓았고, 바뤼흐 스피노자[2]는 성경을 초자연적 계시가 아닌 역사적 문서로 해석해야 한다고 주장함으로써 성서 연구의 철학적 토대를 마련했습니다.

이 시점부터 성경은 교리적 권위의 책일 뿐 아니라, 문헌학적·역사적 연

---

1) 리처드 사이먼(Richard Simon, 1638~1712), 프랑스의 가톨릭 신학자
2) 바뤼흐 스피노자(Baruch Spinoza, 1632~1677), 네덜란드의 합리주의 철학자

구의 대상으로 다루어지기 시작했습니다.

계몽주의와 19세기의 발전

18세기 계몽주의 시대에는 성경을 다른 고대 문헌과 같은 기준으로 연구해야 한다는 인식이 확산되었습니다. 이어 19세기에는 독일 학자들이 문서설(JEDP)[1]을 체계화하며, 여러 전승(J, E, D, P)[2]이 후대에 편집되어 모세오경이 형성되었다는 견해를 내놓았습니다.

또한 역사 비평, 형식 비평, 편집 비평 등 다양한 방법론이 발전하면서 성경 비평은 하나의 학문으로 자리 잡게 되었습니다.

정리하면, 오늘날 우리가 말하는 성경 비평은 17세기 후반부터 18세기 계몽주의 시기에 본격적으로 시작되었다고 할 수 있습니다. 그 이전에도 성경 해석의 난점에 대한 논의는 있었지만, 본문 자체를 비판적으로 다루는 시도는 이 시기부터 본격화되었습니다.

---

1) 모세오경이 네 가지 문서 전승(J, E, D, P)의 결합으로 형성되었다고 보는 성서비평학의 가설

2) J는 야훼문서(Yahwist), E는 엘로힘문서(Elohist), D는 신명기문서(Deuteronomist), P는 제사장문서(Priestly)를 뜻함

2.
성경 비평의 원인

성경 비평이 왜 하필 이 시기에 나타났는지를 살펴보면, 여러 가지 역사적·사회적 요인이 겹쳐 있었음을 알 수 있습니다.

① 르네상스 인문주의와 히브리어 원문 연구

15~16세기에 인문주의가 확산되고 인쇄술이 발전하면서, 그리스어 신약과 히브리어 구약 원문이 활발히 연구되었습니다. 이로써 사람들은 교회의 전통적 해석에만 의존하지 않고, "원문은 실제로 무엇을 말하는가?"라는 질문을 직접 던질 수 있게 되었습니다.

② 종교개혁과 성경 권위

종교개혁은 '오직 성경'(Sola Scriptura)을 내세우며 성경을 최종 권위로 세웠습니다. 이로 인해 성경 본문 자체에 대한 관심이 한층 높아졌고, 그 속의 차이나 불일치가 더욱 뚜렷하게 드러나게 되었습니다.

③ 과학혁명과 계몽주의

갈릴레이, 뉴턴의 발견은 자연 현상을 초자연적 설명이 아닌 보편적 법칙으로 이해하게 했습니다. 이어 18세기 계몽주의는 전통과 권위를 의심하고, 이성을 최고의 기준으로 세웠습니다. 이러한 흐름은 성경 역시 역사적이고 비판적인 분석의 대상으로 바라보게 만들었습니다.

④ 정치·사회적 요인

종교 전쟁과 갈등, 특히 30년 전쟁 이후 교회 권위에 대한 불신이 커졌습니다. 반대로 네덜란드나 독일 등지에서는 학문적 자유가 보장되면서, 신학이 점차 비판적 학문으로 발전할 수 있는 토대가 마련되었습니다.

결국 성경 비평은 어느 날 갑자기 생긴 것이 아니라, 르네상스 인문주의, 종교개혁, 과학혁명, 계몽주의, 사회적 변화가 서로 맞물리면서 나타난 시대적 현상이었습니다.

이러한 흐름을 통해 알 수 있는 것은 성경 비평이 단순히 성경만을 겨냥한 공격이 아니라, 그 시대 전체를 지배했던 비판적 이성과 새로운 학문 정신의 산물이었다는 점입니다.

그렇기 때문에 이런 배경을 이해하면서도 여전히 성경을 하나님의 말씀으로 붙드는 믿음을 지키는 것이 더 중요하다고 생각됩니다.

> 주의 말씀은 내 발에 등이요 내 길에 빛이니이다 (시 119:105)

3.
성경의 권위와 비평의 상관관계

성경 비평은 처음부터 성경의 권위를 약화시키려는 시도에서 나온 것이 아닙니다. 오히려 성경을 더 철저히 이해하고 그 권위를 방어하려는 열정 속에서 촉발되었고, 역설적으로 그 과정이 전통적 권위를 흔드는 결과를 낳기도 했습니다.

① 권위 강화의 배경

16세기 종교개혁은 '오직 성경'(Sola Scriptura)을 외치며 교회의 전통보다 성경을 더 높은 절대적 기준으로 세웠습니다. 이는 당시 교회의 남용된 권위에 맞선 건강한 개혁 정신이었습니다.

가톨릭 교회도 반종교개혁 과정에서 성경과 전통을 함께 절대 권위로 옹호했습니다. 그 결과 개신교와 가톨릭 모두에서 성경은 그 어느 때보다 강력한 권위의 자리로 올라서게 되었습니다.

양 진영이 모두 성경의 권위를 강조하면서 본문 자체에 대한 기대와 관심이 높아졌고, 성경은 절대적 기준으로 자리 잡게 되었습니다. 그 결과 성경의 작은 차이나 난점까지도 반드시 해명해야 한다는 의식이 형성되었습니다.

② 권위에 대한 역설적 결과

성경을 '절대적'이라고 강조할수록 본문 속 차이와 모순은 더욱 선명히 드러났습니다. 동일한 사건이 복음서마다 다르게 기록되거나, 족보·연대·지명 등에서 차이가 발견될 때 사람들은 이를 단순한 신앙의 난제가 아니라 반드시 해결해야 할 문제로 여겼습니다.

신학자들과 학자들은 이러한 난점을 방어하고 설명하기 위해 더 철저한 문헌학적 연구에 착수했고, 그 과정에서 성경 본문 자체가 분석의 대상으로 떠올랐습니다.

결국 성경을 지키려는 열심이 오히려 성경 비평을 촉발하는 계기가 된 것입니다.

③ 사회·지적 배경과 결합

성경 비평의 직접적 출발점은 르네상스 인문주의의 원전 회귀 운동(Ad fontes)이었습니다. 당시 학자들은 헬라어와 히브리어 원전을 중시하며 성경을 본래 언어와 문맥 속에서 연구하려 했고, 이러한 문헌학적 접근이 성경 비평의 토대를 놓았습니다.

이렇게 촉발된 성경 비평의 움직임은 과학혁명과 계몽주의라는 시대 상황과 맞물리며 더욱 심화되었습니다.

- 과학혁명: 갈릴레이, 뉴턴 등의 발견은 자연 현상이 기적이 아닌 보편적

법칙으로 설명될 수 있음을 보여 주었습니다. 이는 성경 또한 합리적 분석의 대상이 될 수 있다는 관점을 확산시켰습니다.

- 계몽주의: 18세기 계몽주의는 전통과 권위를 의심하고 인간 이성을 최고의 기준으로 세웠습니다. 교회의 권위가 흔들리자 성경의 권위도 자연스럽게 비판적 검증의 대상이 되었습니다.

그 결과 성경은 더 이상 '신적 권위의 책'으로만 머물지 않고, 고대 이스라엘과 교회의 역사적 산물로 연구되는 흐름이 형성되었습니다.

④ 자유주의 신학과 성경 무오설의 서로 다른 응답

19세기 이후 성경 비평은 교회와 신학 내부로 깊이 파고들었고, 이에 두 가지 상반된 응답이 나타났습니다.

자유주의 신학은 성경을 고대 이스라엘과 교회의 신앙 고백이 담긴 역사적 문서로 이해하며, 기적과 예언을 신앙적 상징이나 시대적 표현으로 해석했습니다.

반대로 복음주의 진영은 성경의 절대적 권위를 지키기 위해 '성경 무오설'(inerrancy)을 강조했습니다. 특히 미국의 프린스턴 신학파는 이 무오설을 신학적으로 체계화하여, 복음주의 전통의 중요한 기둥으로 자리 잡게 했습니다.

이 두 입장은 모두 나름의 배경과 의도를 가지고 있었습니다. 자유주의는 성경을 시대적 산물로 이해함으로써 현대인과의 접점을 만들고자 했고, 무오설은 성경의 신적 권위를 지킴으로써 신앙을 방어하려 했습니다.

성경 비평은 단순한 학문적 논쟁을 넘어 교회의 신학적 입장과 성경관에 큰 영향을 끼쳤습니다. 자유주의 신학은 성경의 인간적·역사적 측면을 강조하며 때로는 단순한 종교적 기록으로 간주하기도 했습니다. 반대로 무오설은 성경의 신적 권위와 오류 없음에 강한 무게를 두며, 성경을 절대적 기준으로 지키려 했습니다.

⑤ 오늘날의 성경관과 균형

오늘날 우리는 이 두 입장의 역사적 맥락을 이해하면서, 성경관이 단순히 둘 중 하나로만 나뉘는 것이 아니라 넓은 스펙트럼 위에 놓여 있다는 사실을 인정해야 합니다.

이 책의 서두에서 이미 살펴본 것처럼, 한쪽 끝에는 성경을 인간의 기록으로만 보는 급진적 자유주의가 있고, 다른 쪽 끝에는 성경을 기계적이고 축자적으로만 이해하는 극단적 근본주의가 자리합니다.

결국 성경을 바르게 읽는다는 것은 이 스펙트럼 속에서 가장 신앙적으로 건강한 자리를 찾아가는 일입니다. 성경을 하나님의 말씀으로 존중하면서도, 다양한 전승과 서로 다른 기록을 겸손히 이해하는 태도—이것이 오늘날 우리에게 요구되는 균형 잡힌 성경관일 것입니다.

무엇보다 중요한 것은 성경을 단순한 논쟁의 대상으로 두지 않고, 오늘도 우리를 예수 그리스도께로 인도하는 하나님의 살아 있는 말씀으로 받아들이는 일입니다.

그렇게 할 때, 성경 비평의 역사와 논쟁은 신앙을 흔드는 원인이 아니라, 오히려 더욱 깊고 성숙한 성경 읽기로 나아가게 하는 배경이 될 수 있습니다.

> 너희가 성경에서 영생을 얻는 줄 생각하고 성경을 연구하거니와 이 성경이 곧 내게 대하여 증언하는 것이니라 (요 5:39)

8부

성경,
부담에서 기쁨으로

1.
성경의 권위를 지키려는 두 가지 태도

성경의 권위를 지키려는 태도에는 크게 두 방향이 있습니다.

① 두려움에 기초한 방식

“만약 성경의 권위가 무너지면 어쩌나”라는 불안 속에서 출발하는 태도입니다. 이런 태도는 문자주의적이고 억지스러운 해석으로 흐르기 쉽습니다.

과학이나 역사적 사실과 성경이 조금이라도 어긋나는 것처럼 보이면 대립적으로 반응하고, 성경 본문의 작은 차이도 반드시 논리적으로 방어해야 한다는 강박에 사로잡히기도 합니다.

그러나 이런 방식은 결과적으로 성경의 권위를 더 강화하기보다 오히려 약화시키고, 사회와 단절되며, 신앙의 생명력을 잃어버리는 결과를 가져오기도 합니다. 나아가 성경을 방어하려는 의도와는 달리, 비평가들에게는 도리어 더 많은 비판의 빌미를 제공하여 성경에 대한 신뢰를 흔드는 역효과를 낳기도 합니다.

② 섭리를 신뢰하는 방식

여기서 출발점은 인간의 두려움이 아니라, “하나님께서 친히 말씀을 보존하시고 지켜 오셨다"라는 믿음입니다.

이 태도는 성경의 본질이 구원과 계시에 있다는 점에 집중하며, 신앙과 학문이 대화를 나눌 수 있는 여유를 가집니다. 태도는 방어적이거나 공격적이 아니라, 오히려 겸손하고 열린 마음을 가지고 있습니다. 그 결과 성경의 권위는 오히려 더 빛나고, 시대 속에서 말씀의 생명력이 증언됩니다.

이때 성경의 권위는 논리적 변증으로만 증명되는 것이 아니라, 성도들의 삶과 공동체 안에서 살아 있는 말씀으로 드러납니다.

예를 들어 지동설 사건에서도 도전을 받은 것은 교회의 기득권과 해석 방식뿐이었고, 하나님을 향한 신앙은 건재했습니다. 오히려 교회가 성경과 신앙의 본질을 더 선명하게 붙잡는 계기가 되었습니다.

결국 차이는 이렇게 요약할 수 있습니다. 두려움에 기초한 방식은 "우리가 성경을 지켜야 한다"는 인간 중심적 태도이고, 섭리를 신뢰하는 방식은 "하나님이 친히 말씀을 지키신다"는 신앙적 확신입니다.

성경의 권위를 진정으로 지키는 길은 두려움 속 방어가 아니라, 하나님의 섭리를 신뢰하며 말씀을 삶으로 살아 내는 것입니다. 성경의 권위는 인간이 억지로 지켜야 할 짐이 아니라, 하나님께서 이미 역사 속에서 보존하시고 오늘도 친히 증언하시는 은혜입니다.

2.
한국교회 현실과 신앙과 제도의 구분

“신앙의 본질은 흔들리지 않았지만, 흔들린 것은 제도와 기득권의 권위였다”라는 관점은, 오늘날 한국교회에도 그대로 적용될 수 있습니다.

① 변하지 않은 것: 신앙의 본질

하나님은 여전히 창조주시며 역사를 주관하시고, 한국교회를 통해 지금도 일하고 계십니다. 예수 그리스도의 십자가와 부활, 은혜로 주어지는 구원은 변하지 않았습니다.

성경은 여전히 하나님의 말씀이며, 삶을 변화시키는 능력을 지니고 있습니다. 한국교회 역시 여전히 하나님을 예배하고 이웃을 섬기는 공동체로서 존재하며, 세계 선교와 구제, 교육 등에서 긍정적인 열매를 맺고 있습니다.

② 흔들린 것: 제도와 권위

그러나 흔들린 것은 신앙의 본질이 아니라 인간이 세운 구조들입니다. 특정 교단이나 지도자들의 권위에 대한 과도한 집착, 교회의 세습 구조, 교리적 논쟁과 교단 간 분열, 문자주의적 해석에 대한 강박, 사회와의 소통 부족 등이 그것입니다.

또한 대형 교회 중심주의와 정치적 영향력 추구로 인해 교회의 사회적 신뢰가 약화되었고, 물질주의와 권위주의, 세속화라는 비판도 피할 수 없게 되었습니다.

바로 이런 신뢰의 균열과 제도의 흔들림을 틈타, 이단과 사이비 집단들이 성도들의 불안과 갈급함을 교묘히 파고들고 있음을 우리는 심각하게 주목해야 합니다.

오늘날 한국교회의 위기는 신앙 자체의 위기가 아니라, 제도와 권위, 기득권 구조의 위기입니다. 그러므로 교회가 살 길은 하나님의 섭리를 신뢰하며 복음의 본질로 돌아가는 것입니다.

문자주의와 권위주의로 성경 권위를 지키려는 것이 아니라, 십자가와 부활, 사랑과 섬김이라는 복음의 중심을 삶으로 증언할 때, 오히려 성경의 권위는 회복됩니다.

3.
한국 평신도가 취해야 할 자세와 교훈

사람의 권위나 사람이 만든 권위가 하나님과 성경의 권위보다 더 높이 평가되어서는 안 될 것입니다. 따라서 이 시대 한국 평신도는 더 깨어 있어야 합니다.

① 본질에 집중하기

교회 제도, 지도자의 권위, 교단의 논쟁이 아니라, 신앙의 중심인 "예수 그리스도의 십자가와 부활"을 굳게 붙잡아야 합니다. 성경 읽기와 기도 생활을 권위적 해석에만 의존하지 말고, 개인과 공동체가 함께 말씀을 읽고 삶에 적용해야 합니다.

② 섭리를 신뢰하는 믿음

교회의 문제와 세속화가 커 보일지라도, 하나님의 섭리가 한국교회를 지금까지 인도해 오셨음을 기억해야 합니다. 두려움과 불안이 아니라, "하나님이 친히 교회를 붙드신다"는 믿음 위에 서야 합니다.

③ 비판적 분별력과 순종의 균형

교회의 지도자라고 해서 무조건 따르는 것이 아니라, 성경의 진리와 복음의 본질에 비추어 옳고 그름을 분별하는 태도가 필요합니다. 그러나 동시에, 비판적 태도가 불평과 분열로 흐르지 않도록, 말씀 안에서 건강한 순종과 협력을 통해 교회를 세워야 합니다.

④ 삶으로 복음을 증언하기

교회의 제도적 약점이나 지도자의 한계는, 평신도 한 사람 한 사람의 신앙적 삶으로 보완될 수 있습니다. 직장, 가정, 사회에서 빛과 소금이 되는 삶을 살 때, 성경의 권위와 복음의 능력은 세상 속에서 더욱 선명히 드러납니다.

⑤ 공동체적 책임 의식

평신도는 단순히 수동적으로 교회에 참석하는 존재가 아니라, 교회를 함께 세우는 공동체의 지체입니다. 교회가 세속화되거나 권위에 치우칠 때, 평신도는 말씀 안에서 건전한 목소리를 내고, 교회가 복음의 본질로 돌아가도록 함께 책임을 져야 합니다.

4.
성경 읽기: 도전인가 부담인가

교회 안에서는 가끔 "성경을 몇 번 읽으셨습니까?"라는 질문이 오가기도 합니다. 성경 일독 프로그램은 분명히 성도들이 말씀에 가까이 다가가도록 돕는 좋은 도구입니다.

그러나 때로는 '분량을 채우는 숙제'나 '횟수 경쟁'으로 변질될 위험도 있습니다. 성경은 신앙 성숙도를 측정하는 장부가 아니라, 하나님과 교제하는 책이라는 사실을 잊지 말아야 합니다.

① 횟수보다 깊이

성경 읽기의 목적은 "얼마나 많이 읽었는가"가 아니라, "왜 기록되었고, 지금 우리에게 무엇을 말하는가"입니다. 빠른 회독이 유익할 때도 있지만, 한 구절이라도 깊이 묵상하며 삶에 실천하는 정독과 숙독이 더 큰 은혜를 줍니다.

② 다양성과 겸손

성경의 진리는 경직된 해석으로도 담아낼 수 없고, 자기 생각을 투영하는 자유주의적 접근으로도 담아낼 수 없습니다. 또한 교단 전통은 귀하지만, 그것이 성경 자체보다 앞서지 않도록 주의해야 합니다. 그러므로 겸손히 성령의 인도하심을 구하는 태도가 필요합니다.

이는 그가 모든 지혜와 총명을 우리에게 넘치게 하사 (엡 1:8)

보혜사 곧 아버지께서 내 이름으로 보내실 성령 그가 너희에게 모든 것을 가르치고 내가 너희에게 말한 모든 것을 생각나게 하리라 (요 14:26)

③ 성경 속 차이와 불일치를 대하는 법

(1) 사실 확인: 각주 · 역본 비교 · 병행 구절 확인

(2) 맥락적 해석: 장르와 수사, 저자의 의도 고려

(3) 공동체 상담: 신뢰할 만한 주석 · 교사 · 교회와 대화

이 세 단계를 거치면 불필요한 혼란을 줄일 수 있습니다.

④ 경계해야 할 세 가지 극단

(1) 경직된 단선주의: 모든 본문을 한 가지 틀에 끼워 맞춤

(2) 해체적 자유주의: 성경 권위를 해체하고 자기 해석만 강조

(3) 전통 절대화: 교단 · 교파의 해석을 성경보다 높임

이 세 극단은 모두 말씀의 풍성함을 가리므로, 우리는 진리에 대한 확신과 하나님 앞에서의 겸손을 함께 추구해야 합니다.

성경은 부담스러운 과제가 아니라, 삶 속에서 기쁨을 주는 하나님의 말씀입니다. 일독의 횟수보다, 성령 안에서 묵상과 순종으로 살아 낼 때, 말씀은 다양한 빛깔처럼 풍성하게 다가와 우리의 길을 비추는 빛이 됩니다.

5.
흑과 백을 넘어 은혜와 기쁨으로

하나님이 지으신 세상은 흑과 백만으로 이루어져 있지 않습니다. 수많은 빛깔이 존재하며, 심지어 인간의 눈으로는 보이지 않는 색도 있습니다. 그런데도 우리는 종종 성경을 단순하게 흑백의 논리로 재단하려 합니다.

교파와 교단, 신학자와 전통이 각자 자신의 해석만 옳다고 주장하며 다른 이들을 틀렸다고 단정 짓는 모습 속에서, 오히려 성경의 권위와 본질이 가려지곤 합니다.

물론 교리와 신학이 불필요하다는 것은 아닙니다. 분명히 말씀을 지키고 이해하는 데 도움을 주는 도구지만, 본질을 대신할 수 없다는 것입니다.

그리고 성경은 단일한 논리 체계가 아니라, 다양한 장르와 관점, 역사와 증언이 모여 하나님께서 행하신 구원을 증언하는 책입니다. 그 본질은 언제나 하나님의 사랑과 구원의 역사로 수렴됩니다.

그러므로 인간의 논리나 교리적 체계 속에 성경을 가두고, 맞다 틀리다를 다투는 것은 결국 말씀을 좁히는 일이 될 뿐입니다.

이제는 서로의 차이를 흑과 백으로 나누어 정죄하기보다, 하나님께서 주신 말씀의 풍성함 안에서 함께 구원의 빛을 바라보아야 합니다. 성경은 논쟁의 무기가 아니라, 우리를 자유와 기쁨으로 이끄는 하나님의 선물입니다.

부디 우리 모두가 성경을 학문적 논리 싸움의 수단으로 삼는 대신, 그 본질인 예수 그리스도의 복음으로 돌아가기를 간절히 바랍니다.

성경은 우리에게 짐이 아니라, 하나님이 주신 은혜요, 기쁨입니다.

> 여호와의 교훈은 정직하여 마음을 기쁘게 하고 여호와의 계명은 순결하여 눈을 밝게 하시도다 (시 19:8)

에필로그

이 글은 부족한 한 평신도가 성경을 읽으며 품었던 의문과 고민을 솔직하게 정리한 흔적에 불과합니다. 전문적인 연구나 완전한 해석이 아님을 인정하며, 오히려 미흡하거나 잘못된 부분이 있을 수 있습니다.

그럼에도 저의 작은 기록이 같은 의문을 가진 분들에게 위로와 동행이 된다면 그것만으로도 감사한 일입니다.

혹시 이 글을 읽으시며 불편하거나 동의하기 어려운 부분이 있으시다면 너그러이 양해해 주시기를 부탁드립니다. 그리고 저와 같은 평신도들이 성경을 조금이라도 더 바르게 이해할 수 있도록, 올바른 길로 이끌어 주시기를 부탁드립니다.

이 글이 모쪼록 함께 배우고 길을 찾아가는 작은 기회가 되기를 소망합니다.

성경은 언제나 예수 그리스도를 증언하는 책임을 우리에게 일깨워 줍니다. 부족한 글이지만, 독자 여러분께서 말씀 속에서 예수 그리스도를 새롭게 만나시는 계기가 되기를 간절히 바랍니다.

끝으로, 이 글을 끝까지 읽어 주신 모든 분들께 진심으로 감사드립니다.

성경의 다양한 기록과

평신도의 고민들

초판 1쇄 발행 2025년 12월 12일

지은이 김대진
펴낸이 이기봉
편집 좋은땅 편집팀
펴낸곳 도서출판 좋은땅
주소 서울특별시 마포구 양화로12길 26 지월드빌딩 (서교동 395-7)
전화 02)374-8616~7
팩스 02)374-8614
이메일 gworldbook@naver.com
홈페이지 www.g-world.co.kr

ISBN 979-11-388-5055-1 (03230)